Un manuel de l'Antiquité de l'Homme

J.P. MacLean

Writat

Cette édition parue en 2023

ISBN : 9789359253527

Publié par
Writat
email : info@writat.com

Contenu

PRÉFACE.

En donnant des conférences sur l'Antiquité de l'Homme, j'ai trouvé les esprits des gens prêts à recevoir les preuves et prêts à croire les conclusions des géologues. J'ai ressenti le besoin de mettre entre les mains du public un ouvrage populaire, à la fois instructif et bienvenu. Les œuvres de Lyell et Lubbock sont trop élaborées et trop coûteuses pour répondre aux besoins populaires. Mon objectif a été de donner un aperçu du sujet suffisant pour permettre une connaissance raisonnable des faits liés à la nouvelle science, à ceux qui désirent l'information mais ne peuvent pas la pousser plus loin, et de servir de manuel à ceux qui ont l'intention de devenir plus compétent.

Comme l'unité du langage et l'unité de la race sont si étroitement liées au sujet, j'ai ajouté les deux chapitres sur ces questions, en espérant qu'ils seront acceptables pour le lecteur. J'avais l'intention d'écrire un chapitre plus étendu sur la relation entre les Saintes Écritures et ce sujet, mais j'ai été obligé de le condenser, comme je l'avais fait dans d'autres chapitres, afin de ne pas transcender les limites proposées du livre.

Dans la préparation de cet ouvrage, j'ai librement utilisé « L'Antiquité de l'homme » et les « Principes de géologie » de Lyell, « Les Temps préhistoriques » de Lubbock , « L'Homme dans le passé, le présent et le futur » de Buchner, « L'Homme primitif » de Figuier , « L'Homme préhistorique » de Wilson, « Lake-Dwellings » de Keller, les œuvres de Charles Darwin, le « Manuel de géologie » de Dana, « La place de l'homme dans la nature » de Huxley, « L'histoire naturelle de l'homme » de Prichard, « La pluralité de l'humain » de Pouchet . Race", et d'autres, mentionnés en marge.

Je suis redevable à mon ami, M. Frank Cushing, pour la restauration idéale de l'homme de Néandertal. La gravure a été réalisée spécialement pour cette œuvre. Les références à Buchner proviennent de son ouvrage intitulé « L'homme dans le passé, le présent et le futur ».

CHAPITRE I.

INTRODUCTION.

Aucun sujet, ces dernières années, n'a autant retenu l'attention des géologues que l'antiquité de la race humaine. L'intérêt fut considérablement accru par la publication de « L'Antiquité de l'Homme » de Sir Charles Lyell. Cet ouvrage a attiré l'attention du public sur le sujet, et l'intérêt est devenu si grand que de nombreux volumes et mémoires ont été ajoutés à la liste, discutant de la question de diverses manières et, pour la plupart, de manière à ajouter un nouvel intérêt et jeter plus de lumière sur le sujet. Les hommes de science ont mis du temps à tirer parti des découvertes continuelles faites sur les ossements et les œuvres de l'homme trouvés dans les grottes et associés aux restes d'animaux disparus. Il est probable que, même à cette époque tardive, il n'y aurait pas eu autant de discussions sur ce sujet si Sir Charles Lyell n'y avait pas prêté le poids de son grand nom. Partout, des hommes instruits ont commencé à douter de l'exactitude de la chronologie de l'archevêque Usher, et la révolution de l'opinion a été si complète qu'il est presque impossible de trouver un homme intelligent qui limiterait la durée de l'existence de l'homme à 6 000 ans.

À Aimé Boué , géologue français, doit se voir attribuer l'honneur d'avoir été le premier à proclamer la haute antiquité du genre humain ; au Dr Schmerling, savant ostéologue belge, en raison de ses recherches laborieuses, de son zèle infatigable et de son grand travail sur le sujet, le titre mérité d'être le fondateur de la nouvelle science ; à M. Boucher de Perthes, son grand apôtre ; tandis que c'est à Sir Charles Lyell et Sir John Lubbock qu'il faut attribuer l'honneur d'avoir rendu populaire la nouvelle théorie.

La science nouvelle s'établit bientôt de manière permanente, et les géologues se mirent aussitôt à classer les faits dont ils étaient saisis, afin de leur assigner leurs places respectives dans les époques géologiques. Tous sont d'accord sur les ordres chronologiques, mais tous n'ont pas utilisé la même nomenclature, ce qui a entraîné plus ou moins de confusion. Sir J. Lubbock a divisé l'archéologie préhistorique en quatre grandes époques, comme suit :

" I. Celle de la dérive ; lorsque l'homme partageait la possession de l'Europe avec le mammouth, l'ours des cavernes, le rhinocéros à poils laineux et d'autres animaux disparus. C'est ce que nous pouvons appeler la période du « Paléolithique ».

"II. L'âge de la pierre postérieure ou polie ; une période caractérisée par de belles armes et instruments en pierre faits de silex et d'autres sortes de pierre ; dans laquelle, cependant, nous ne trouvons aucune trace de la connaissance d'aucun métal, à l'exception de l'or, qui semble ont été parfois utilisés pour des ornements : c'est ce que nous pouvons appeler la période « Néolithique ».

"III. L'âge du bronze, au cours duquel le bronze était utilisé pour les armes et les instruments coupants de toutes sortes.

"IV. L'âge du fer, au cours duquel ce métal avait remplacé le bronze pour les armes, haches, couteaux, etc." [1]

Ces divisions sont reconnues par Lyell et Tylor.

Edward Lartet a proposé la classification suivante :

I. L'ÂGE DE PIERRE.

1er. Époque des animaux disparus (ou du grand ours et du mammouth).

2d. Époque des animaux existants migrés (ou époque du renne).

3d. Époque des animaux existants domestiqués (ou époque de la pierre polie).

II. L'ÂGE DU MÉTAL.

1er. L'époque du bronze.

2d. L'époque du fer.

Ce mode de division est adopté par M. Figuier , dans son « L'Homme primitif », par le Musée de Saint-Germain dans la partie consacrée aux antiquités préhistoriques, et suivi sur les points essentiels par Troyon et d'Archiac .

Le professeur Renevier , de Lausanne, a proposé un schéma quelque peu différent, fondé sur les époques de glaciation suisse. C'est le suivant :

"I. *Époque préglaciaire* , dans laquelle l'homme vivait en même temps que l'éléphant (*Elephas antiquus*), le rhinocéros (*R. hemitæchus*) et l'ours des cavernes (*Ursus spelæus*).

"II. *Époque glaciaire* , dans laquelle l'homme vivait en même temps que le mammouth (*Elephas primigenius*), le rhinocéros (*R. tichorrhinus*), l'ours des cavernes, etc.

"III. *Époque post-glaciaire* , dans laquelle l'homme vivait en même temps que le mammouth et le renne (*Cervus tarandus*).

"IV. *Dernière époque* , ou époque des *bâtisses sur pilotis* , dans laquelle l'homme vivait en même temps que l'élan irlandais (*Megaceros hibernicus*), aurochs (*Bison Europæus*)," etc. [2]

Westropp divise les périodes de l'homme, en fonction de ses stades de civilisation, comme suit : *sauvagerie* , *chasseurs* , *bergers* et *agriculteurs* .

Dans les pages suivantes, une classification quelque peu différente a été adoptée et peut être expliquée ainsi :

I. *Époque préglaciaire* ; cette période antérieure aux glaciers du post-tertiaire, dans laquelle l'homme vivait en même temps que les animaux du tertiaire, l'éléphant du sud (*E. meridionalis*), etc.

II. *Époque glaciaire* ; cette période du post-tertiaire où l'homme fut contraint d'affronter les grands champs de glace et les inondations qui leur succédèrent immédiatement, où le mammouth (*E. primigenius*), le rhinocéros (*R. ticorrrhinus*), l'ours des cavernes, etc., commencèrent pour s'épanouir.

III. *Époque interglaciaire* ; cette période entre la glaciation et la seconde avancée des glaces, au cours de laquelle l'homme a vécu en même temps que les animaux de l'époque précédente, et l'ours des cavernes a disparu.

IV. *Époque du Renne* ; cette période où les glaciers avançaient à nouveau ; dans lequel la principale nourriture de l'homme était la chair du renne (*C. tarandus*), cet animal s'étant répandu en nombreux troupeaux jusqu'au sud des Pyrénées.

V. *Époque Néolithique* ; cette époque où l'homme polissait ses armes de pierre, et cherchait à domestiquer certains animaux, le chien, etc.

VI. *Époque du Bronze* ; cette période caractérisée par des armes et des instruments principalement en bronze.

VII. *Époque du Fer* ; cette période où le bronze fut généralement remplacé par le fer.

Cette classification, dans l'ensemble, semble être la meilleure qui puisse être conçue, car elle tente de situer les preuves de l'existence de l'homme dans leurs positions géologiques relatives.

D'autres méthodes ont induit l'étudiant en erreur. Il n'y avait pas d'âge universel de pierre, de bronze ou de fer. La classification donnée par Lubbock s'applique à l'Europe, mais elle est trop générale. J'ai adopté le mot « Néolithique », faute d'un meilleur terme, bien que la signification du mot soit appropriée à la période qu'il est censé représenter.

Ces diverses époques ne sont pas nettement définies les unes des autres ; mais l'un se fond dans l'autre par une progression graduelle couvrant une période de plusieurs milliers d'années. La croissance des diverses plantes et animaux, ainsi que leur retrait ou leur extinction définitive, ont également été très lents.

Un aperçu de l'histoire des découvertes qui ont conduit à une étude minutieuse de la question et qui ont fait de cette question une science est non seulement intéressant mais également important pour le penseur attentif en quête d'informations sur le sujet.

Avant l'étude des outils anciens, « les gens avaient si peu de notion de la nature et de la signification des haches et des armes en pierre des temps anciens et ultérieurs qu'ils étaient considérés avec une peur et un espoir superstitieux et comme des productions d'éclairs et de tonnerre. pendant longtemps, même les savants les appelaient des foudres... Jusqu'en 1734, lorsque Mahndel expliqua à l'Académie de Paris que ces pierres étaient des instruments humains, on se moqua de lui, parce qu'il n'avait pas prouvé qu'elles pouvaient ne se sont pas formés dans les nuages. » [3]

Dès l'année 1700, un crâne humain fut extrait du tuf calcaire de Constatt , en compagnie d'os de mammouth. Il est conservé au Musée d'histoire naturelle de Stuttgart.

En 1715, un Anglais nommé Kemp trouva à Londres, à côté des dents d'éléphants, une hachette de pierre, semblable à celles qu'on a retrouvées depuis en grand nombre dans différentes parties du monde. Cette hachette est toujours conservée au British Museum.

En 1774, dans la caverne de Gailenreuth , en Bavière, JF Esper découvrit des ossements humains mêlés à des restes d'animaux disparus.

En 1797, des haches en silex non poli ont été extraites en grand nombre d'un champ de briques près de Hoxne , comté de Suffolk, où elles se trouvaient à une profondeur de douze pieds, mêlées aux os d'espèces animales disparues. Ils furent ramassés et jetés par paniers pleins sur la route voisine. En 1801, devant la Société des Antiquaires, John Frere lut un article à leur sujet, dans lequel il déclarait qu'ils faisaient référence à une période très reculée. Cette communication, si courte soit-elle, contenait l'essence de toutes les découvertes et spéculations ultérieures sur l'antiquité de l'homme. Mais la société considérait le sujet comme sans importance.

Lors de la construction d'un canal (1815-1823) à Hollerd , on trouva, près de Maestricht, dans le *loess* , une mâchoire humaine en compagnie d'os d'animaux disparus. Cet os est conservé au musée de Leyde.

En 1823, Aimé Boué a déterré des parties d'un squelette humain dans un ancien loess intact près de Lahr, un petit village presque en face de Strasbourg. Ces ossements ont été confiés aux soins de Cuvier, mais, ayant été négligés, sont aujourd'hui perdus.

La même année, le Dr Buckland, géologue anglais, publie son « Reliquiæ Diluvianæ ", ouvrage principalement consacré à une description de la grotte de Kirkdale . L'auteur combinait tous les faits connus qui favorisaient la coexistence de l'homme avec les animaux disparus.

En 1828, M. Tournal et M. Christol explorèrent de nombreuses cavernes dans le midi de la France. Dans la caverne de Bize, Tournal a trouvé des os et des dents humains, des fragments de poterie grossière, ainsi que des os d'espèces animales vivantes et disparues, noyés dans la même boue et la même brèche, cimentées par des stalagmites. Les ossements humains étaient dans le même état chimique que ceux des espèces disparues.

M. Christol a trouvé dans la caverne de Pondres , près de Nîmes, des ossements humains dans la même boue que ceux d'une hyène et d'un rhinocéros disparus.

En 1833, le Dr Schmerling explora les deux cavernes osseuses d' Engis et d'Enghihoul (Belgique). Dans le premier, il trouva le crâne d'Engis (aujourd'hui au musée de l'Université de Liège), à près d'un mètre cinquante de profondeur, sous une brèche osseuse. La terre contenait également des dents de rhinocéros, de chevaux, d'hyènes et d'ours, et ne présentait aucune marque de perturbation. Il a également trouvé le crâne d'un jeune homme enfoncé à côté d'une dent de mammouth. Il était entier, mais si fragile qu'il tomba en morceaux avant d'être extrait. Dans la grotte d' Enghihoul il trouva de nombreux ossements appartenant à trois individus humains, mêlés à des os d'animaux disparus. Dans ces grottes, il remarqua des instruments grossiers en silex, mais n'en rassembla pas beaucoup. Sous la garde de Chokier, il découvrit un os poli et articulé en forme d'aiguille, percé d'un trou à sa base. Les grottes d' Engis et de Chokier ont été anéanties, alors qu'il ne reste qu'une partie d' Enghihoul .

Peu après ces découvertes, le docteur Schmerling publia un ouvrage qui décrivait et représentait une grande quantité d'objets découverts dans les cavernes belges. Les hommes de science n'étaient pas encore préparés à recevoir les nouvelles découvertes, et celles-ci n'attiraient que peu d'attention à cette époque.

On ne saurait trop féliciter le Dr Schmerling pour ses travaux inlassables. De ces travaux, Sir Charles Lyell a dit : « Avoir entrepris, en 1832, en vue d'en vérifier la vérité (l'antiquité des ossements humains fossiles) de suivre le philosophe belge à travers toutes les étapes de ses observations et de ses preuves, n'aurait pas été facile. tâche même pour un spécialiste en géologie et en ostéologie : se laisser descendre, comme Schmerling le fut, jour après jour, par une corde attachée à un arbre, pour glisser jusqu'au pied de la première ouverture de la grotte d'Engis , où les crânes humains les mieux conservés furent trouvés ; et, après avoir ainsi accédé à la première galerie souterraine, se faufiler à quatre pattes dans un passage rétréci menant à des chambres plus grandes, pour y surveiller à la lueur des torches, semaine après semaine et année après année, les des ouvriers qui crevaient la croûte stalagmitique aussi dure que du marbre, pour en extraire morceau par morceau la brèche osseuse sous-jacente à peu près aussi dure ; rester des heures debout les pieds dans la boue et l'eau ruisselant du toit sur la tête. , afin de marquer la position et de se prémunir contre la perte de chaque os d'un squelette ; et enfin, après avoir trouvé du loisir, de la force et du courage pour toutes ces opérations, espérer, comme fruit de son travail, la publication de nouvelles importunes, opposées aux préjugés du public scientifique aussi bien que du public non scientifique ; compte tenu de ces circonstances, il n'y a guère lieu de s'étonner... qu'un quart de siècle se soit écoulé avant que même les professeurs voisins de l'Université de Liège ne se mobilisent pour justifier la véracité de leur compatriote infatigable et lucide. " [4]

En 1835, M. Joly, alors professeur au lycée de Montpellier, trouva dans la grotte de Nabrigas (Lozére) le crâne d'un ours des cavernes, sur lequel une flèche avait laissé sa marque. A proximité se trouvait un fragment de poterie marqué par le doigt du mouleur .

C'est dans la vallée de la Somme (rivière du nord de la France) que M. Boucher de Perthes trouva ces fameuses haches en silex de la forme la plus grossière. Ses explorations duraient depuis longtemps. Il a fait tout ce qu'il a pu pour faire connaître ces découvertes au public. Dès l'année 1836, il commença à proclamer la haute antiquité de l'homme, dans une série de communications adressées à la Société d'Émulation d'Abbeville. A la même société, en 1838, il exposa les haches en silex qu'il avait trouvées, mais sans résultat. En 1839, il emporta ces haches à Paris et les montra à certains membres de l'Institut. Au début , ils encourageèrent quelque peu ces recherches ; mais ce sentiment favorable ne dura pas longtemps. En 1841, il commença à constituer sa collection, devenue depuis si justement célèbre. Il engagea des ouvriers qualifiés pour creuser les couches diluviennes, et en peu de temps il recueillit vingt spécimens de silex travaillés par la main de l'homme, quoique dans un état très grossier. En 1846, il publie son premier ouvrage sur le sujet, intitulé « De l'Industrie Primitive, ou les Arts et leur Origine . » L'année suivante, il publie ses « Antiquités Celtiques et Antédiluviennes ", dans lequel il donne des illustrations de ces instruments en pierre. Cet ouvrage n'attire aucune attention jusqu'en 1854, lorsqu'un *savant français* , nommé Rigollot , fit un examen personnel et réussit dans sa recherche de ces reliques dans les environs de Amiens. Il fut bientôt suivi par Sir C. Lyell, Sir John Lubbock, le Dr Falconer, Sir Roderick I. Murchison et d'autres scientifiques éminents.

Boucher de Perthes, poursuivant ses recherches, fut récompensé, en 1863, par la découverte de la moitié inférieure d'un os de mâchoire humaine, recouverte d'une croûte terreuse, qu'il extrayait de ses propres mains d'une gravière d'Abbeville. A quelques centimètres de là, une hachette en silex a été découverte. Ils se trouvaient à une profondeur de quinze pieds sous la surface. Cet os a été appelé mâchoire de Moulin- Quignon et est conservé au Muséum d'Histoire naturelle de Paris.

La découverte de cet os produisit une grande sensation parmi les géologues anglais. Christy, Falconer, Carpenter et Busk se sont rendus en France et ont examiné la localité où l'os a été trouvé. Ils sont repartis satisfaits de son authenticité et de son antiquité. Certains géologues doutaient cependant de son authenticité ; mais à l'heure actuelle tous, ou presque tous, reconnaissent la vérité des conclusions de Boucher de Perthes.

Non loin de la même localité, il réussit encore, en 1869, à retrouver un certain nombre d'ossements humains présentant le même caractère que la mâchoire de Moulin- Quignon .

En 1840, le révérend J. MacEnery , du Devonshire, en Angleterre, trouva dans une grotte appelée Kent's Hole, des os humains et des couteaux en silex parmi les restes de mammouth, d'ours des cavernes, d'hyène et de rhinocéros à deux cornes, tous provenant d'en dessous. une croûte de stalagmite. M. MacEnery commença les explorations de cette grotte dès 1825. Il ne publia pas ses notes sur ses découvertes mais elles restèrent manuscrites jusqu'en 1859, date à laquelle elles furent obtenues par M. Vivian.

M. Godwin-Austen, dans sa communication à la Geological Society en 1840, déclare, dans sa description de Kent's Hole, qu'il a trouvé des œuvres d'art dans toutes les parties de la grotte.

L'Homme fossile de Denise a été découvert par un paysan, dans un vieux tuf volcanique, près de la ville du Puyen-en - Velay , dans le centre de la France, dont un récit a été publié pour la première fois par le Dr Aymard , en 1844. Des naturalistes compétents, qui Ceux qui ont examiné ces os, surtout ceux qui sont familiers avec les régions volcaniques du centre de la France, ont déclaré qu'ils croyaient qu'ils avaient été enveloppés par des causes naturelles dans la matrice tufacée dans laquelle on les voit aujourd'hui.

Dans les années 1845-1850, Casiano de Prado fit des découvertes sur les rives du Manzanares, près de Madrid. Il s'agissait de parties de squelettes de rhinocéros et d'un squelette presque parfait d'éléphant dans le sable diluvial. Sous ce sable osseux se trouvaient plusieurs haches en silex de fabrication humaine.

FIGURE 1.
SIR CHARLES LYELL.

Près de la ville d'Aurignac, en France, un ouvrier nommé Bonnemaison , en 1852, découvrit accidentellement une grotte contenant les restes de dix-sept squelettes humains. Ces ossements furent emportés par le Dr Amiel , maire d'Aurignac, qui en ignorait la valeur, et consignés au cimetière paroissial. Le lieu de leur réinhumation a été oublié, et ce trésor est désormais perdu pour la science. En 1860, la grotte fut explorée par Edouard Lartet. Après un long et patient examen, il arriva à la conclusion que la grotte était un lieu de sépulture humain, contemporain du mammouth et d'autres grands animaux de l'époque quaternaire.

C'est lors de la réunion de la British Association, en 1855, que Sir Charles Lyell déclara sa croyance dans la grande antiquité de la race humaine. Il s'était auparavant opposé à l'idée, mais fut convaincu de la vérité par un examen personnel d'ossements humains et de haches en silex, provenant des carrières de Saint- Acheul . Il devint enthousiaste dans ses recherches et, afin de présenter clairement le débat au public scientifique, il publia ses « Preuves géologiques de l'antiquité de l'homme » en 1863. Dans la dernière édition de ses « Principes de géologie », il accorde une place considérable à la discussion du sujet. Il fut suivi de près, dans le même sens, par d'autres géologues éminents.

Les vestiges des anciennes habitations lacustres de Suisse ont été découverts au cours de l'hiver 1853-1854. Cet hiver-là fut si sec et si froid que l'eau des lacs tomba bien au-dessous de son niveau ordinaire. C'est ainsi qu'une grande partie du terrain du lac de Zurich a été conquise par les habitants en construisant des digues. Au cours des travaux, on a découvert les pilotis sur lesquels se trouvaient les habitations, des fragments de poterie, des outils en os et en pierre et diverses autres reliques. [5] Le Dr Keller, de Zurich, examina les objets et parvint aussitôt à une bonne compréhension de leur signification. Il examina soigneusement les vestiges et décrivit ces habitations lacustres dans six mémoires présentés à la Société des Antiquaires de Zurich, en 1854, 1858, 1860, 1863 et 1866. En 1866, ces mémoires furent traduits en anglais par JE Lee, accompagnés d'articles de d'autres antiquaires, sous le titre de « Les habitations lacustres de Suisse et d'autres parties de l'Europe ». Cet ouvrage contient quatre-vingt-dix-sept planches, outre de nombreuses gravures sur bois.

Les Mémoires des habitants de différents lacs ont été publiés de temps à autre, mais ils sont inclus dans l'ouvrage traduit du Dr Keller.

Le célèbre crâne de Néandertal a été découvert par le Dr Fuhlrott en 1857 dans une caverne calcaire, près de Düsseldorf, dans un profond ravin connu sous le nom de Néandertal. Ce crâne, ainsi que des parties du squelette auquel il appartenait, a été retrouvé sous une couche de boue d'environ cinq pieds d'épaisseur. Il se trouve désormais dans le cabinet du Dr Fuhlrott , à Elberfeld, en Prusse rhénane.

En 1858, une caverne osseuse fut découverte près de Torquay, non loin de Kent's Hole. Cette grotte a été examinée par une commission scientifique. Au début, le projet fut entrepris par la Royal Society, mais lorsque ses subventions échouèrent, Miss Burdett-Coutts paya les frais d'achèvement des travaux. Dans cette grotte, sous une couche de stalagmite, ont été retrouvés de nombreux couteaux en silex, associés aux os de mammifères disparus.

MA Fontan a trouvé dans la grotte de Massat (département de l'Ariége), en 1859, des dents humaines et des ustensiles associés aux restes de l'ours des cavernes, de l'hyène fossile et du lion des cavernes (*Felis spelœa*).

En 1861, MA Milne Edwards trouva certaines reliques de l'industrie humaine mêlées à des os fossiles d'animaux, dans la grotte de Lourdes, en France.

En 1862, le Dr Garrigou publia le résultat des recherches qu'il avait faites, en collaboration avec Ramès et Filhol , dans les cavernes de l'Ariège . Ces explorateurs ont découvert les mâchoires de l'ours des cavernes et du lion des cavernes, qui avaient été façonnées par les mains de l'homme.

Dans les couches supérieures des couches tertiaires (pliocène) à Saint- Prest (département de l'Eure), en 1863, M. Desnoyers trouva des ossements d'animaux disparus qui furent coupés ou entaillés avec des instruments en silex. Dans les mêmes strates, l'abbé Bourgeois découvrit des outils en pierre. Il communiqua ses découvertes au Congrès international tenu à Paris en 1867.

En 1864, James Brown a trouvé des outils en silex à mi-chemin entre Gosport et Southampton, inclus dans du gravier de huit à douze pieds d'épaisseur, coiffant une falaise qui, à sa plus grande hauteur, est de trente-cinq pieds au-dessus de la ligne des hautes eaux. Ces outils en silex ressemblent exactement à ceux trouvés à Abbeville et à Amiens. Certains d'entre eux sont conservés au Blackmore Museum de Salisbury.

En 1865, on trouva dans les lœss du Rhin, près de Colmar, en Alsace, des ossements humains dans le même lit avec des os de mammouth, de cheval, de cerf, d'auroch et d'autres animaux.

En 1866, Alfred Stevens a d'abord creusé une hache dans le gravier au sommet de la falaise à l'est de l'ouverture de Bournemouth, sur la rivière Southampton . Peu de temps après, le Dr Blackmore, à l'ouest de la vallée, se procura deux autres instruments en silex. L'endroit a été examiné par Lyell en 1867.

Le Dr Edward Dupont, un éminent spéléologue belge, a trouvé en 1866 un fragment de mâchoire humaine dans le Trou de la Naulette , une grotte osseuse située au bord de la Lesse , non loin de Chaleux .

Au Congrès international de 1867, MA Issel rapporta qu'il avait trouvé plusieurs ossements humains dans des lits d'âge pliocène, près de Savonie , en Ligurie.

La Station des Rennes sur la Schusse , en Souabe, a été découverte en 1867, lors des travaux entrepris pour l'amélioration d'un étang-moulin. La Schusse est une petite rivière qui se jette dans le lac de Constance, et prend sa source sur le haut plateau de la Haute Souabe, entre le lac de Constance et le cours supérieur du Danube.

En 1868, Thomas Codrington découvrit un outil ovale en silex dans le gravier au sommet de la falaise de Foreland, sur l'île de Wight, à huit kilomètres au sud-est de Ryde.

Le fossile de l'Homme de Mentone a été découvert, en 1873, par M. Rivière , dans une grotte près de Nice, en France. Le squelette était presque entier et enfoncé à vingt pieds sous la surface du gisement.

En 1873, M. Rivière découvrit un autre squelette humain, à côté duquel gisaient quelques ustensiles de pierre non polis, dans une des grottes du même voisinage.

En 1873 et 1874, M. Rivière eut encore la chance de découvrir, dans des grottes voisines, les restes de trois personnes, dont deux d'enfants. Les squelettes étaient dans le même état et ornés d'ornements similaires à ceux qu'il avait découverts précédemment.

CHAPITRE II.

ÉPOQUE GLACIAIRE.

Heureusement pour l' archéo -géologue, cela lui donne un point de départ pour ses recherches sur l'antiquité de sa race. Sans cela, ses calculs seraient très vagues et ses efforts perdraient une grande partie de leur intérêt. L'époque glaciaire, qui a intrigué l'esprit du géologue et de l'astronome, est un repère sur lequel il peut non seulement regarder des deux côtés, mais aussi estimer la longueur des âges et compter les années de l'homme. Rien n'est donc plus important, dans cette enquête, que la compréhension de l'état de la terre avant la glaciation, et la connaissance de la date et de la durée de cette époque.

Depuis des temps immémoriaux, la terre, selon toute apparence, se préparait à accueillir l'homme. Le gibier était abondant, les forêts étaient belles, les animaux domestiques avaient fait leur apparition, le climat était chaud, le sol riche et le charbon s'était formé. Tout semblait augurer d'un avenir radieux et glorieux pour l'homme, déjà entré en scène. Il est vrai qu'il fallait affronter des bêtes féroces et sauvages. Celles-ci ne semblaient être qu'une force motrice pour inciter l'homme à l'action et développer les ressources de son esprit. S'il ne parvenait pas pendant un certain temps à vaincre les bêtes sauvages, une retraite lui était prévue dans les creux de la terre. Mais la nature sentait que son œuvre était encore inachevée. La terre avait traversé l'épreuve du feu et résisté aux ravages de l'eau, et maintenant son long été doit prendre fin. Les régions arctiques étaient de plus en plus froides, et le changement se faisait sentir dans les pays du sud. Les animaux du nord étaient vêtus d'un vêtement poilu ou laineux pour leur protection. L'aspect commençait à être rébarbatif. Les perspectives d'avenir de l'homme étaient non seulement sombres, mais laissaient présager qu'il périrait avec les nombreuses espèces d'animaux qui succombaient progressivement au froid. De grands champs de glace s'accumulaient lentement aux deux pôles, et finalement, par la puissance de leur grand poids, aidé par quelques changements géographiques, ils commencèrent à se déplacer vers l'équateur, écrasant et broyant les gros rochers, et soit se déplaçant devant eux, soit ou bien détruisant tout être vivant dans leur marche incessante. Lentement mais sûrement, ils ont avancé. Les montagnes gémissaient sous l'énorme poids de la glace. Leurs têtes étaient marquées, leurs côtés meurtris, déchirés et coupés. Les monstres de glace n'écoutaient ni les supplications de la terre, ni les mugissements du bétail, ni les cris des hommes. Des siècles se sont écoulés avant que le soleil ne réaffirme sa puissance. Les rayons du soleil, la chaleur interne de la terre et d'autres causes produisirent un changement. La glace du nord a été brisée au moment où elle a atteint 39° de latitude nord-américaine, laissant ses traces indélébiles dans les boules, les graviers, les lits de sable et d'argile qui jalonnent son cours. En Europe, cette couche de glace s'étendait jusqu'en Espagne et en Corse. Les glaciers des régions antarctiques s'étendaient jusqu'à 41° de latitude sud.

Faune d' Europe. — Parmi la faune, on peut citer les éléphants gigantesques, représentant près de deux fois le nombre des plus grands individus qui existent aujourd'hui, qui parcouraient en troupeaux toute l'Angleterre et s'étendaient à travers les plaines de Sibérie et depuis le détroit de Behring jusqu'à la Caroline du Sud. Les rhinocéros à deux cornes se vautraient dans les marécages des forêts anciennes. Les hippopotames habitaient les lacs et les rivières. Le grand ours des cavernes, qui atteignait parfois la taille d'un cheval, et le tigre des cavernes, deux fois plus grand que le tigre vivant, s'attaquaient aux animaux moins forts qu'eux. Des troupes de hyènes, plus nombreuses que celles de l'Amérique du Sud, se disputaient avec d'autres bêtes de proie. Une espèce de chat sauvage, de lynx et de léopard a trouvé refuge dans les mêmes forêts. Il y avait ensuite un remarquable animal carnivore appelé *Machairodus*, de la taille d'un tigre, et qui, d'après la forme et la taille de ses dents en forme d'épée, devait être une créature très destructrice. Le lemming et le bœuf musqué trouvèrent un foyer, et le cheval sauvage caracolait sans retenue par la main de l'homme. Les grands élans irlandais se déplaçaient rapidement sur le sol et devaient être très nombreux, car leurs restes se trouvent en abondance dans les tourbières et les marnes. Il ne faut pas non plus oublier qu'il existait également une espèce de bœuf gigantesque, presque aussi grande qu'un éléphant, qui subsistait dans les plaines. Tous ces animaux ont suivi le retrait des glaciers et certains d'entre eux se sont retrouvés à proximité immédiate de la glace.

géologique. — L'époque glaciaire s'est produite pendant la période géologique connue sous le nom de post-tertiaire. Le tertiaire avait progressivement disparu et son époque avait été inscrite dans les pages de l'histoire géologique. Une nouvelle époque commençait à poindre. C'était l'époque des glaces, la naissance et presque l'enfance du post-tertiaire.

Date probable. — En discutant de la date probable de l'époque glaciaire, Sir Charles Lyell dit : « La tentative d'attribuer une valeur chronologique à l'une de nos périodes géologiques, à l'exception de la plus récente, doit, dans l'état actuel de la science, être sans espoir. Néanmoins, indépendamment de toutes considérations astronomiques, il faut, je pense, admettre que la période nécessaire à l'apparition du plus grand froid et à sa durée la plus intense, et les oscillations auxquelles il était soumis, ainsi que le retrait des glaciers et le « grand dégel » ou disparition de la neige de nombreuses chaînes de montagnes où la neige était autrefois perpétuelle, a nécessité non pas des dizaines mais des centaines de milliers d'années. Moins de temps ne suffirait pas pour les changements dans la géographie physique et dans la vie organique dont nous avons parlé. Pour un géologue, il ne semblerait donc pas surprenant que le plus grand froid soit supposé avoir eu lieu il y a deux cent mille ans, bien que cette date doive être considérée comme très conjecturale, et qui peut tout aussi bien se tromper par insuffisance. du temps comme en excès." [6]

Sir John Lubbock, en désaccord avec certains calculs faits par M. Geikie sur l'effet général produit par les rivières dans le creusement des vallées et l'abaissement du niveau général du pays, dit : « En ce qui concerne les districts supérieurs, cependant, ses données ne sont peut-être pas tout à fait faux, et si nous les appliquons à la vallée de la Somme, où les fouilles ont environ deux cents pieds de profondeur, elles indiqueraient une antiquité pour l'époque paléolithique de cent mille à deux cent quarante mille ans. [7]

Dana, dans son chapitre sur la durée des temps géologiques, dit, en parlant du temps nécessaire pour creuser la gorge de la rivière Niagara, que « des deux côtés de la gorge, près du tourbillon, et aussi à l'île Goat, il y a des lits de coquilles de lac récentes... les mêmes espèces qui vivent dans les eaux calmes près de l'entrée du lac, et que l'on ne trouve pas dans les rapides. Le lac a donc étendu ses eaux calmes, lorsque ces lits se sont formés, sur la gorge au-dessus le tourbillon. Une dent d'un mastodonte (*M. giganteus*) a été trouvée dans les mêmes lits. Cela situe l'époque à l'époque de Champlain.... Six milles de la gorge ont été fouillés depuis que ce mastodonte était vivant....

"Il y a une vallée latérale qui part du tourbillon et traverse le précipice de Queenstown en un point situé à quelques kilomètres à l'ouest de Lewiston. Cette vallée est remplie de dérives de l'époque glaciaire, et ce blocage du canal l'a peut-être obligé à ouvrir un nouveau canal. passage.

« Si donc les chutes ont reculé de six milles, et que nous pouvons déterminer le taux probable de progression, nous pouvons nous rapprocher du temps que cela a nécessité. Hall et Lyell ont estimé le taux moyen à un pied par an , ce qui est certainement grande. M. Desor a conclu, après son étude des chutes, qu'elles mesuraient «plus de trois pieds par siècle que trois pieds par an». En prenant le rythme d'un pied par an, les six milles auront nécessité plus de trente et un mille ans ; si avec un pouce par an, ce qui équivaut à huit pieds et un tiers par siècle, trois cent quatre-vingt mille ans. [8]

Le calcul fait par Dana concerne l'époque Champlain. Comme cette époque était postérieure au glaciaire, il fallait soit reculer encore plus loin, soit faire commencer les calculs à la fin du glaciaire.

probable . — Lyell a tenté d'évaluer la durée de l'époque glaciaire en considérant « la série la plus simple de changements dans la géographie physique qui puisse éventuellement expliquer les phénomènes de la période glaciaire », et énumère ce qui suit :

"Premièrement, une période continentale, vers la fin de laquelle la forêt de Cromer a prospéré ; lorsque la terre était au moins cinq cents pieds au-dessus de son niveau actuel, peut-être beaucoup plus haut, et son étendue probablement plus grande que celle indiquée sur la carte, fig. 41." (Sur cette carte, l'ensemble des îles britanniques sont reliées entre elles et avec le continent – l'océan allemand et la Manche constituant la terre ferme).

« Deuxièmement, une période de submersion, au cours de laquelle les terres au nord de la Tamise et du canal de Bristol, ainsi que celles de l'Irlande, furent progressivement réduites à un archipel ; et enfin à une prédominance générale de la mer comme le montre la carte, fig. 39. ". (Cette carte est destinée à représenter les îles britanniques telles qu'elles apparaissaient au-dessus de l'eau lorsque l'Écosse était submergée à deux mille pieds et d'autres parties des îles à mille trois cents pieds.) "C'était la période de submersion et de glace flottante, lorsque la flore scandinave, qui occupait les terres inférieures pendant la première période continentale, a peut-être obtenu la possession exclusive des seules terres non couvertes de neiges perpétuelles.

« Troisièmement, une deuxième période continentale, lorsque le lit de la mer glaciaire, avec ses coquilles marines et ses blocs erratiques, fut asséché, et lorsque la quantité de terre équivaut à celle de la première période.... Durant cette période, il y eut des glaciers. dans les plus hautes montagnes d'Écosse et du Pays de Galles....

"La submersion du Pays de Galles sur une hauteur de mille quatre cents pieds, comme le prouvent les obus glaciaires, prendrait cinquante-six mille ans, à raison de deux pieds et demi par siècle ; mais en prenant l'estimation de huit cents pieds du professeur Ramsay De plus, cette dépression étant nécessaire pour le dépôt d'une partie de la dérive stratifiée, nous devrions exiger une période supplémentaire de trente-deux mille ans, équivalant en tout à quatre-vingt-huit mille ; et le même temps serait nécessaire pour la réélévation de la roche. Mais si, au cours de la deuxième période continentale, la terre ne s'était élevée que de six cents ans au-dessus du niveau actuel... cela... aurait pris encore vingt-six mille ans ; l'ensemble de la grande oscillation, comprenant la submersion et la réémergence , ayant mis, en chiffres ronds, deux cent vingt-quatre mille ans pour son achèvement ; et ce, même s'il n'y avait pas de pause ou de période stationnaire, lorsque le mouvement descendant cessa, et avant qu'il ne se convertisse en un mouvement descendant. vers le haut." [9]

Lyell admet que la vitesse moyenne de deux pieds et demi par siècle est purement arbitraire et conjecturale, et qu'il y a des cas où le changement est même de six pieds par siècle, mais la vitesse moyenne du mouvement, pense-t-il, ne dépassera pas cette valeur. ci-dessus proposé. Lubbock pense que la plupart des géologues seront d'accord avec cette opinion. [dix]

Les estimations déjà données constituent une base sur laquelle un calcul peut être effectué quant au moment où cette époque a commencé. Au moment du froid le plus intense, l'excentricité de l'orbite terrestre était de 0,0575 ; la différence en millions de kilomètres entre la plus grande et la plus petite distance de la terre au soleil 10½ ; le nombre de jours pendant lesquels l'hiver, survenant dans l'aphélie, était plus long que l'été dans le périhélie 27,8 ; la température moyenne du mois d'été le plus chaud à la latitude de Londres lorsque l'été se déroule au périhélie, 113° ; la température moyenne du mois d'hiver le plus froid à la latitude de Londres lorsque l'hiver se déroule en aphélie, 0° 7'. Soixante mille ans plus tard, l'excentricité de l'orbite terrestre n'était plus que de 0,0332 ; la différence de distance en millions de milles était de 6 ; nombre de jours d'hiver en excès, 16,1 ; moyenne du mois le plus chaud à la latitude de Londres, 95°, et moyenne du mois le plus froid 12°. Il est évident qu'à cette époque (il y a cent cinquante mille ans) un « grand dégel » s'était produit et les glaciers avaient reculé, bien que cinquante mille ans plus tard, un froid moins intense se soit à nouveau installé. Si l'on considère trente mille ans pour le « grand dégel » à partir du point extrême de froid, et que ce point extrême se soit produit il y a deux cent dix mille ans, alors il y a cent quatre-vingt mille ans, les glaciers étaient devenus si brisés qu'ils pour permettre à la végétation de repousser dans de nombreuses localités et aux bêtes sauvages de réaffirmer partiellement leur domination. Si l'on ajoute à cela le temps nécessaire à la durée de l'époque glaciaire (deux cent vingt-quatre mille ans), alors le moment où la glace a commencé à s'accumuler remonte à quatre cent quatre mille ans. Mais si les tableaux de M. Croll sont exacts, leur commencement ne pouvait pas avoir lieu avant il y a trois cent cinquante mille ans, car l'excentricité de l'orbite terrestre ne variait que peu par rapport à la situation actuelle, et il y a cinq cent cinquante mille ans. était presque identique à celui d'aujourd'hui. [11]

Durant les dernières étapes de cet océan de glace, il a dû fondre très rapidement, [12] car de grands fleuves se sont formés, et l'eau qui coulait sur son lit glacé cherchait d'autres cours d'eau et, sur le sein de la terre, emportait des sédiments meubles, déposant il le long du cours des rivières et dans les grottes de la terre, recouvrant les restes de l'homme ainsi que ceux des animaux qui ont péri pendant le long hiver des glaces.

FIG. 2.
RUISSEAU ISSU D'UN GLACIER.

Preuves de l'existence de l'homme. — Les traces de l'homme dans les dépôts réalisés à l'époque glaciaire sont nombreuses. Parmi les nombreux, les plus remarquables seront cités, compte tenu de leur ordre chronologique.

Selon toute probabilité, les instruments les plus anciens du post-tertiaire, et par conséquent du début de l'époque glaciaire, sinon du pliocène , sont ceux trouvés dans le sud du Hampshire, entre Gosport et Southampton. Ils provenaient d'une masse tabulaire de drift qui coiffe les strates tertiaires. « Le grand lit de gravier reposant sur les strates tertiaires de l'Éocène , dans lequel ces instruments ont été trouvés, est constitué dans la plupart des endroits de silex de craie à moitié roulés ou semi-angulaires, mêlés à des cailloux arrondis emportés par les eaux des strates tertiaires. certains d'entre eux présentent les mêmes couleurs et la même tache ocre que les silex du gravier dans lequel ils reposent.

À l'ouest de l'estuaire de Southampton, « des deux côtés de l'ouverture de Bournemouth, des outils en silex du type ancien ont été rencontrés dans le gravier recouvrant les falaises. Le gravier d'où l'outil en silex a été extrait à Bournemouth se trouve à environ cent pieds au-dessus. le niveau de la mer... Les graviers sont constitués en grande partie de galets provenant des couches tertiaires.

L'outil ovale en silex découvert dans le gravier au sommet de la falaise de Foreland "est du véritable type paléolithique , et le gravier dans lequel il est noyé à une hauteur d'environ quatre-vingts pieds au-dessus du niveau de la mer, s'est peut-être autrefois étendu jusqu'au falaises près de Gosport ; auquel cas nous devrions en déduire que le canal appelé Solent n'avait pas encore été creusé lorsque cette région était habitée par l'homme paléolithique . [13]

On peut en déduire avec certitude que les outils des trois énumérations ci-dessus ont été implantés à peu près au même moment.

Les instruments en silex de la vallée de la Somme, qui ont suscité tant d'intérêt et convaincu tant de géologues sceptiques , appartiennent à la première partie de cette époque. Cette vallée peut être représentée par la Fig. 3.

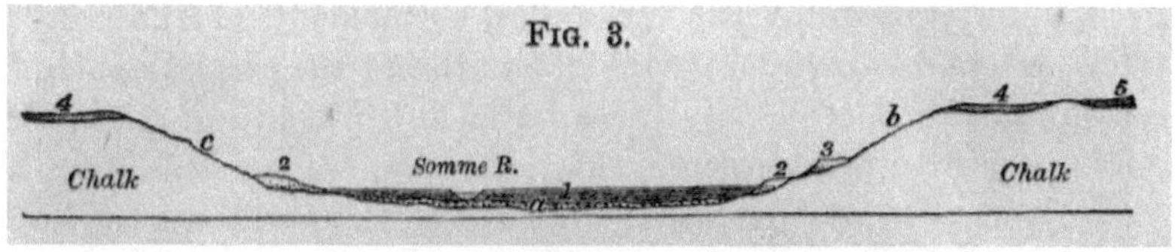

FIG. 3.
COUPE À TRAVERS LA SOMME EN PICARDIE.

1. Tourbe, de vingt à trente pieds d'épaisseur, reposant sur du gravier, *un* .
2. Gravier de niveau inférieur , avec des os d'éléphants et des outils en silex recouverts de loam fluviatile, de vingt à quarante pieds d'épaisseur.
3. Gravier de niveau supérieur , avec des fossiles similaires et un limon sus-jacent. En tout trente pieds d'épaisseur.
4. Terre franche sans coquilles, de cinq ou six pieds d'épaisseur.5. Strates tertiaires de l'Éocène, reposant sur la craie par plaques.

Pour expliquer ce qui précède, il peut être bon de remarquer que le numéro 2 indique les graviers du niveau inférieur , et le numéro 3 les graviers les plus élevés, qui se trouvent de quatre-vingts à cent pieds au-dessus de la rivière. D'une date postérieure à celles-ci est la tourbe n° 1, qui a de dix à trente pieds d'épaisseur. Au-dessous de la tourbe se trouve un lit de gravier *d'une* épaisseur de trois à quatorze pieds, reposant sur de la craie intacte. Mais entre le gravier et la tourbe se trouve une fine couche d'argile imperméable. Cette section de la vallée de la Somme est une assez juste représentation de la disposition des différents lits à Abbeville, Amiens et Saint - Acheul .

Dans ces lits se trouvent les enregistrements de deux périodes de dérive, marquées par 2 et 3. Les deux sont séparées par une couche de dépôts d'eau douce, qui contient des coquilles de rivière et a parfois jusqu'à seize pieds d'épaisseur. Le diluvium inférieur, ou gris (n° 2), marque l'époque glaciaire, distincte des glaciers de l'époque du renne. Dans le gravier inférieur, situé immédiatement sur la formation tertiaire, ont été trouvés les hachettes de silex, ainsi que les os de mammouth et de rhinocéros fossiles.

Afin de mieux comprendre les gisements, la figure suivante est donnée.

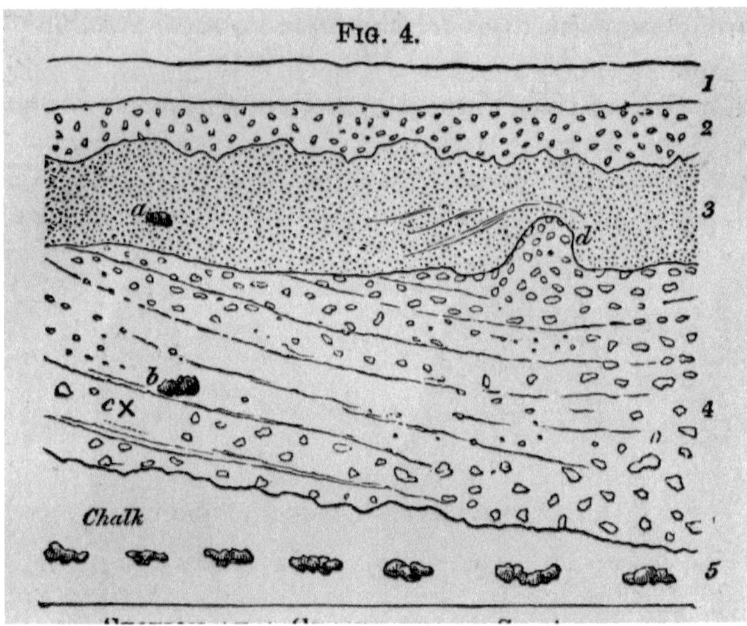

FIG. 4.
COUPE D'UNE GRAVIÈRE À SAINT- ACHEUL .

1. Terre végétale et terre cuite de deux à trois pieds d'épaisseur.

2. Terre franche brune de quatre à cinq pieds d'épaisseur, contenant quelques silex anguleux.

3. Lit de marne sableuse de cinq à six pieds d'épaisseur, avec des coquilles terrestres et d'eau douce, recouvert d'une mince couche de gravier angulaire d'un à deux pieds d'épaisseur.

4. Un lit de graviers partiellement arrondis contenant des galets tertiaires bien roulés. Dans ce lit, on trouve principalement des instruments en silex, d'une épaisseur de dix à quatorze pieds.

un. Une partie de la molaire d'un éléphant, à onze pieds de la surface.

b. Molaire entière de mammouth (*E primigenius*), à dix-sept pieds de la surface.

c. Position de la hache de silex, à dix-huit pieds de la surface.

d. Gravier dépassant cinq pieds.

A Saint- Acheul , dans le lit n°4, ont été trouvés un grand nombre d'ustensiles en silex. Certains d'entre eux ont la forme d'une pointe de lance et mesurent plus de sept pouces de longueur. Les hachettes de forme ovale sont si grossières dans certains cas qu'elles nécessitent un œil exercé pour déterminer leur origine humaine. Dans le même lit se trouvent de petits corps ronds présentant une cavité tubulaire au centre . Le Dr Rigollot a suggéré que ces pierres ou graviers perforés servaient d'ornements, éventuellement enfilés ensemble sous forme de perles.

Dans ce lit n° 4, à dix-sept pieds de la surface, on a trouvé une dent de mammouth. À environ un pied au-dessous de la dent, dans du gravier densément comprimé, a été trouvée une hachette en pierre de forme ovale.

FIGURE 5.
OUTIL EN SILEX DE SAINT- ACHEUL .

La moitié de la taille de l'original, qui mesure sept pouces et demi de long.

un. Vue de côté.

b. Idem vu sur le bord.

"Ces instruments à pointe de lance ont été trouvés en plus grand nombre, proportionnellement aux ovales, dans les graviers supérieurs de Saint- Acheul , que dans aucun des graviers inférieurs de la vallée de la Somme. Dans ces derniers, la forme ovale prédomine, surtout à Abbeville."— *Antiquité de l'Homme* , p. 114.

Que ce lit ait été formé par l'action des glaciers , cela ressort non seulement des galets tertiaires bien arrondis, mais aussi des gros blocs de grès dur, dont certains ont plus de quatre pieds de diamètre. Ces gros fragments abondent non seulement à Saint- Acheul dans les graviers des niveaux supérieurs et inférieurs d'Amiens et dans les niveaux supérieurs d'Abbeville, mais ils sont également retrouvés très en amont dans la vallée partout où se trouve l'ancien diluvium. Tous ces grès proviennent des strates tertiaires qui recouvraient autrefois la craie.

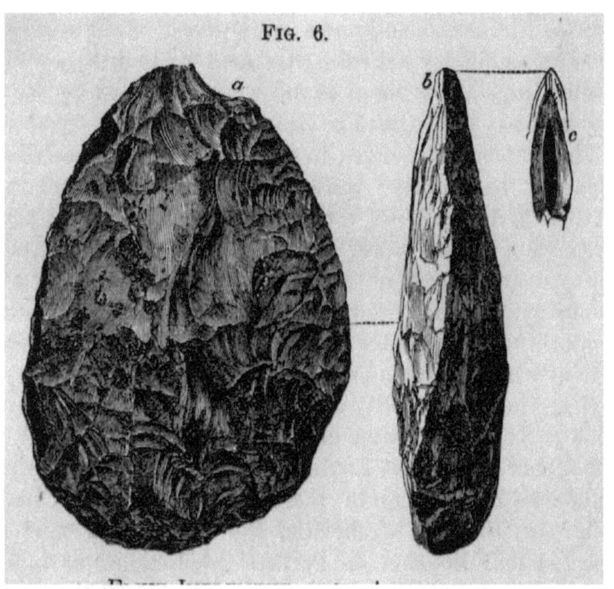

FIG. 6.
OUTIL EN SILEX D'ABBEVILLE.

un. Hachette en silex de forme ovale provenant de Mautort près d'Abbeville, demi-taille de l'originale, longue de cinq pouces et demi, provenant d'un lit de graviers sous-jacent à la strate fluvio-marine.

b. Idem vu sur le bord.

c. Montre une fracture récente du bord dé celui-ci au point *a* , ou près du sommet. Cette partie de l'outil, *c* , est dessinée en grandeur nature, la partie centrale noire étant le silex non altéré, le revêtement extérieur blanc, la couche qui s'est formée par décoloration ou blanchiment depuis la fabrication initiale de l'outil.

La surface entière de la figure 6 devait être noire lors de sa première mise en forme, et le blanchiment à une telle profondeur doit avoir été l'œuvre du temps, qu'il soit produit par l'exposition au soleil et à l'air avant qu'elle ne soit incorporée, ou après lorsqu'elle se trouvait en profondeur. le sol. — *Antiquité de l'Homme.*

Comme les instruments en silex d'Abbeville et d'Amiens sont les mêmes que ceux de Saint- Acheul , et provenant des mêmes gisements, ce qui a déjà été dit s'appliquera à eux. Ces instruments ont été retrouvés en grand nombre dans ces localités, comme en témoignent amplement plusieurs milliers d'entre eux déjà prélevés sur les gisements.

De la gravière où furent trouvées les haches de silex, à Abbeville, et près de l'ancienne craie, fut tiré le célèbre os humain connu sous le nom de *mâchoire* de Moulin- Quignon . Elle était contemporaine des haches, et il ne fait aucun doute que certains des instruments en silex trouvés là-bas ont été façonnés par l'homme dont cette mâchoire constituait une partie si nécessaire.

Cette mâchoire appartenait à un vieil homme et est décrite comme présentant « une tendance vers la structure animale dans la brièveté et la largeur de la branche ascendante (la partie perpendiculaire de la mâchoire inférieure), la hauteur égale des deux apophyses (une processus ou proéminence régulière formant une partie continue du corps de l'os), l'indication de prognathisme (mâchoire saillante) fournie par l'angle très obtus sous lequel la branche rejoint le corps de l'os. [14]

A proximité de la même localité, d'autres ossements humains ont été découverts qui présentaient les mêmes caractéristiques.

Boucher de Perthes ayant signalé que des instruments en silex pouvaient se trouver dans la vallée de la Seine, dans des gisements semblables à ceux d'Abbeville, les antiquaires furent bientôt récompensés et la prédiction de Boucher de Perthes se réalisa. M. Gosse, de Genève, a trouvé des outils de type Abbeville dans les dépôts diluviaux les plus bas associés aux restes d'animaux de cette époque.

La découverte faite par Casiano de Prado, près de Madrid, est très semblable à celles d'Abbeville. " D'abord de la terre végétale ; puis environ vingt-cinq pieds de sable et de cailloux, sous lesquels se trouvait une couche de loam sableux, dans laquelle, au cours de l'année 1850, on a découvert un squelette complet de mammouth. Sous cette couche se trouvait environ dix pieds de gros graviers, dans lesquels ont été découvertes quelques haches en silex, très ressemblantes à celles d'Amiens. [15]

Les restes de l'homme sont également conservés dans des cavernes associés aux os fossiles du mammouth, du rhinocéros aux cheveux laineux, de l'ours des cavernes et d'autres quadrupèdes disparus. Parmi ceux-ci, il faut remarquer Kent's Hole, qui a fourni une mine de richesses. À propos de ses découvertes, Godwin-Austen dit : « Des restes humains et des œuvres d'art, telles que des pointes de flèches et des couteaux en silex, se trouvent dans toutes les parties de la grotte et dans toute l'épaisseur de l'argile ; et aucune distinction fondée sur la condition, On peut observer une distribution ou une position relative, grâce à laquelle l'humain peut être séparé des autres reliquiæ ," qui comprenaient des os de mammouth (*E. primigenius*), de rhinocéros (*R. tichorrhinus*), d'ours des cavernes (*Ursus spelæus*), d'os des cavernes hyène (*H. spelæus*) et autres mammifères . Ces recherches furent conduites dans des parties de la grotte qui n'avaient jamais été perturbées, et les œuvres de l'homme, dans tous les cas, furent obtenues à partir de terreau ou d'argile intact, sous une épaisse couche de stalagmite ; et tout cela a dû être introduit avant la formation du revêtement de sol en stalagmite. [16] Ces spécimens de l'artisanat humain ont été trouvés bien en dessous du sol en stalagmite. [17] La grotte de Brixham est étroitement alliée à Kent's Hole . Voici la succession générale des dépôts constituant le contenu de la caverne :

1. Une couche de stalagmite variant de un à quinze pouces d'épaisseur.

2. Ensuite, en bas, terre de grotte ocre, d'un pied à quinze pieds d'épaisseur.

3. Gravier arrondi, par endroits plus de vingt pieds de profondeur.

Dans la deuxième couche, on a trouvé les restes du mammouth, du rhinocéros, de l'ours des cavernes, de l'hyène des cavernes, du lion des cavernes, du renne et de sept autres espèces. Indistinctement mélangés à ces os, on trouva de nombreux couteaux en silex, mais principalement dans la partie la plus basse de la terre ocre de la grotte, dont la profondeur variait de dix pouces à treize pieds. L'antiquité de ceux-ci ne peut être mise en doute, du simple fait, même s'il n'y en avait pas d'autre, qu'à proximité immédiate d'un outil en silex très parfait, on a découvert toute la patte arrière gauche d'un ours des cavernes, et chaque os dans sa position naturelle. . De la terre osseuse furent extraits quinze couteaux, reconnus, par les antiquaires expérimentés, comme ayant été formés artificiellement. Dans les graviers les plus bas, au-dessous de tout, ont été trouvés des spécimens imparfaits de couteaux en silex. La fine couche de boue a été déposée par l'action lente mais régulière de l'eau. Depuis que ces couches se sont formées, le ruisseau a creusé son canal à soixante-dix-huit pieds au-dessous de son niveau antérieur. [18]

Sur les deux rives de la Meuse, à Maestricht (Hollerd) se trouvent des terrasses de graviers recouvertes de loess. En contrebas de la ville, sur la rive gauche, une de ces terrasses s'avance dans la plaine alluviale de la Meuse. Lors de la construction du canal, la terrasse fut ouverte jusqu'à une profondeur de soixante pieds. Les vingt pieds supérieurs étaient constitués de loess et les quarante pieds inférieurs de gravier stratifié. Un grand nombre de molaires, de défenses et d'os d'éléphants, ainsi que ceux d'autres mammifères , ainsi qu'une mâchoire inférieure humaine avec des dents, ont été trouvés dans ou à proximité de ce gravier. La mâchoire humaine se trouvait à une profondeur de dix-neuf pieds de la surface, dans une couche de loam sableux, sous une couche de lits de cailloux et de sable, et immédiatement au-dessus du gravier. La strate d'où la mâchoire a été prélevée était intacte et n'avait jamais été perturbée. Mais la mâchoire était quelque peu isolée, et l'objet fossile le plus proche était la défense d'un éléphant distant de six mètres, quoique sur un plan horizontal. Ce fossile est probablement plus ancien que celui découvert à Lahr. Il était probablement recouvert juste avant le jaillissement de l'eau lorsqu'elle commençait à s'écouler des gorges et avait lavé le sol à une certaine distance de la glace. [19]

Le squelette humain provenant du lœss intact du Rhin, près de Lahr, a été retrouvé dans une position presque horizontale, mais de manière à interdire l'idée d' un sépulcre . Ces ossements ont été exhumés d'une falaise perpendiculaire de loess solide, haute d'environ cinq pieds. La ville de Lahr est située à quatre milles et à environ cent pieds au-dessus du Rhin, et non loin de la vallée affluente drainée par le Schutter , coulant de la Forêt-Noire.

Dans la plaine alluviale dans laquelle se jette le Schutter , le loess a une épaisseur de deux cents pieds. Le loess s'élève à quatre-vingts pieds au-dessus du Schutter . A Lahr, il a été dénudé de manière à former une succession de terrasses sur la rive droite. C'est dans le plus bas d'entre eux que fut extrait le squelette. Immédiatement au-dessous de ce lit, on a trouvé des cailloux, et encore plus bas se trouvait un lit de graviers contenant des pierres arrondies de grès et de gneiss de la Forêt-Noire.

Il y a plusieurs faits intéressants liés à cette découverte. M. Boué considère que le loess de la Lahr est continu avec celui du Rhin, et qu'avant que le loess fût dénudé, il n'y avait pas moins de quatre-vingts pieds de dépôt limoneux au-dessus du squelette humain. Les glaciers avaient déposé leurs grands lits de graviers et commençaient à fondre. Leur fonte avait formé un mélange de terreau et de gravier. Puis, lorsque les torrents jaillirent des glaciers, la terre glaise se forma sans les cailloux. Le malheureux, dont les restes ont été retrouvés, a été enseveli loin sous la surface, pendant la toute première partie du cours des violents ruisseaux jaillissant du champ de glace. Les glaciers étaient alors en recul, et l'homme imprudent a probablement été victime au cours de sa chasse. [20]

La grotte de La Naulette , en Belgique, offrait une mâchoire semblable à celle du Moulin- Quignon . L'os provenait d'un dépôt fluvial de limon recouvert d'une couche de stalagmite et situé à une profondeur de treize pieds de la surface. Y étaient associés les restes du mammouth, du rhinocéros aux cheveux laineux et des instruments en silex. Ces instruments présentent le même type que ceux de Saint- Acheul . Avec cette mâchoire ont également été trouvés un cubitus humain, deux dents humaines et un fragment de renne travaillé né. Cette mâchoire est très épaisse, de forme ronde, et la saillie du menton est presque entièrement absente. Le menton occuperait, dit-on, une position intermédiaire entre celui des animaux et celui de la race humaine actuelle. Les cavités pour recevoir les canines sont très larges, et une des choses les plus remarquables est que les trois molaires sont inversées, c'est-à-dire que la première vraie molaire est la plus petite, et la dernière la plus grande. La surface interne de la mâchoire, au point de suture ou symphyse, forme une ligne dirigée obliquement vers le haut. En prenant la mâchoire dans l'ensemble, c'est la mâchoire humaine la plus simiesque jamais découverte. [21]

Les outils en silex de Hoxne ont été trouvés sous trois couches ou lits différents. La première, végétale, a un pied et demi de profondeur. Le second était de l'argile, de sept pieds et demi d'épaisseur. Le troisième, un lit de sable, avec des coquilles d'un pied d'épaisseur. La quatrième couche, contenant les outils, était un lit de gravier de deux pieds de profondeur. Le nombre de ces silex était si grand qu'ils étaient emportés par paniers pleins et jetés dans les ornières du chemin voisin. En raison de leur grand nombre, cet endroit aurait pu être le lieu où ils étaient fabriqués. Leur date n'est pas contemporaine de l'argile Bowlder, mais appartient sans aucun doute à la dernière de cette époque.

Les ossements humains retrouvés dans les lœss du Rhin, près de Colmar, étaient deux fragments fossilisés de crâne. Ils ont été trouvés dans un sol intact avec les os fossiles d'espèces disparues de mammouths, de chevaux, de cerfs géants, d'aurochs et d'autres mammifères . Le fragment du crâne "montrait un front déprimé, des arcades sourcilières fortement saillantes, et un type, dans l'ensemble, se rapprochant de ce qu'on appelle la forme *dolichocéphale* , ou à tête longue". [22] Ces vestiges datent si près de la fin de la glaciation qu'ils entrent presque dans l'interglaciaire.

CHAPITRE III.

ÉPOQUE GLACIAIRE—SUITE.

belges . — Les reliques découvertes par le docteur Schmerling, dans les grottes de Belgique, doivent être rapportées à l'époque du retrait des glaciers. Les glaciers existaient encore, mais leur retrait avait libéré d'immenses étendues de terre, et l'espace qu'ils couvraient désormais était petit en proportion de leur ancienne étendue. Qu'on considère ou non que la végétation s'est grandement nourrie et que les grandes bêtes sauvages se sont multipliées rapidement, une chose doit être remarquée, c'est que les inondations ont dû succéder ou suivre de près le retrait des glaces. De nombreux vestiges, rapportés à l'époque glaciaire, peuvent en réalité avoir occupé l'époque des crues survenues juste avant le début de l'interglaciaire.

Les Grottes belges, près de Liège , appartiennent soit exactement aux glaces, soit à une époque pas très lointaine. Lyell considère les monuments les plus anciens de la période paléolithique comme des outils grossiers trouvés dans les anciens graviers des rivières et dans les grottes de boue et de stalagmites. [23] Les grottes de cette description sont celles signalées par le Dr Schmerling.

Les cavernes de la province de Liège n'étaient pas des repaires de bêtes sauvages, mais leur contenu avait été emporté par l'action de l'eau. Les os de l'homme « étaient de la même couleur et dans le même état quant à la quantité de matière animale qu'ils contenaient, que ceux des animaux qui l'accompagnaient, dont certains, comme l'ours des cavernes, l'hyène, l'éléphant et le rhinocéros. , étaient éteints ; d'autres, comme le chat sauvage, le castor, le sanglier, le chevreuil, le loup et le hérisson, existent encore. Les fossiles étaient plus légers que les os frais, sauf ceux dont les pores étaient remplis de carbonate de chaux, en auquel cas ils étaient souvent beaucoup plus lourds. Les restes humains les plus fréquents étaient des dents détachées de la mâchoire et les os du carpe, du métacarpien, du tarse, du métatarsien et des phalanges séparés du reste du squelette. L'ours, le plus abondant des mammifères qui l'accompagnent , a également été trouvé dans les cavernes de Liège plus communément que dans toutes les autres, et dans le même état dispersé. [24] Dans certaines de ces grottes, des outils grossiers en silex, de forme triangulaire, ont été trouvés dispersés dans la boue de la grotte. Le Dr Schmerling n'y prêta pas beaucoup d'attention, étant absorbé par ses recherches ostéologiques. Les ossements humains ont été trouvés à toutes les profondeurs, dans la boue et le gravier des grottes, au-dessus et au-dessous de ceux des mammifères disparus .

Les sols de ces cavernes étaient incrustés de stalagmites. [25] Dans la caverne de Chokier, il y a « trois lits distincts de stalagmite, et entre chacun d'eux une masse de brèche et de boue mélangée à des cailloux de quartz, et dans les trois dépôts les os de quadrupèdes éteints ». [26]

CRÂNE FOSSILE DE LA GROTTE D'ENGIS PRÈS DE LIEGE.

Le crâne fossile de la caverne d' Engis a été déposé à une profondeur d'environ cinq pieds, sous une brèche osseuse renfermant une défense de rhinocéros, des dents de cheval et des restes de petits animaux. La brèche mesurait environ trois pieds et quart de largeur et s'élevait à une hauteur d'environ cinq pieds au-dessus du sol de la caverne. Dans la terre qui renfermait le crâne, on trouva, l'entourant de tous côtés, les dents du rhinocéros, du cheval, de l'hyène et de l'ours, et sans qu'aucune trace de la terre n'ait été troublée.

On a également trouvé le crâne d'un jeune homme, dans le sol de la caverne, ainsi qu'une dent d'éléphant. Lors de sa première observation, le crâne était entier, mais il est tombé en morceaux lorsqu'il a été retiré de sa position. En outre, on a trouvé un fragment d'os maxillaire supérieur, avec les molaires usées jusqu'aux racines, indiquant celui d'un vieillard ; deux vertèbres , une première et une dernière dorsale ; une clavicule du côté gauche, appartenant à un jeune individu de grande stature ; deux fragments du radius, indiquant un homme de taille ordinaire ; un fragment d'un cubitus : quelques os métacarpiens ; six métatarsiens, trois phalanges de la main et une du pied .

Le Dr Schmerling a trouvé dans cette grotte un instrument pointu en os incrusté de stalagmite et relié à une pierre.

À propos du crâne d'Engis , le professeur Huxley a fait remarquer : « Comme l'observe le professeur Schmerling, la base du crâne est détruite et les os du visage sont entièrement absents ; mais le toit du crâne, constitué des parties frontale, pariétale et de la plus grande partie des os du crâne. les os occipitaux, jusqu'au milieu du foramen occipital, sont entiers ou à peu près. L'os temporal gauche manque. Du temporal droit, les parties situées au voisinage immédiat du foramen auditif, l'apophyse mastoïde et un Une partie considérable de l'élément squameux du temporal est bien conservée.

Un morceau de l'os occipital, que Schmerling semble avoir manqué, a depuis été apposé sur le reste du crâne par le Dr Spring, l'anatomiste accompli de Liège .

"Le crâne est celui d'un adulte, voire d'un homme d'âge moyen. La longueur extrême du crâne est de 7,7 pouces. Sa largeur extrême, qui correspond très près à l'intervalle entre les protubérances pariétales, ne dépasse pas 5,4 pouces. la proportion de la longueur par rapport à la largeur est donc très proche de 100 à 70. Si l'on trace une ligne depuis le point où le sourcil s'incurve vers la racine du nez, et qui est appelée « glabelle » (a , fig. 8), à la protubérance occipitale (d), et la distance jusqu'au point le plus élevé de la voûte crânienne étant mesurée perpendiculairement à partir de cette ligne, on trouvera qu'elle est de 4,75 pouces. Vu de dessus, le front présente un front uniformément arrondi courbe, et passe dans le contour des côtés et de l'arrière du crâne, qui décrit une courbe elliptique assez régulière.

FIGURE 7.
PROFESSEUR TH HUXLEY.

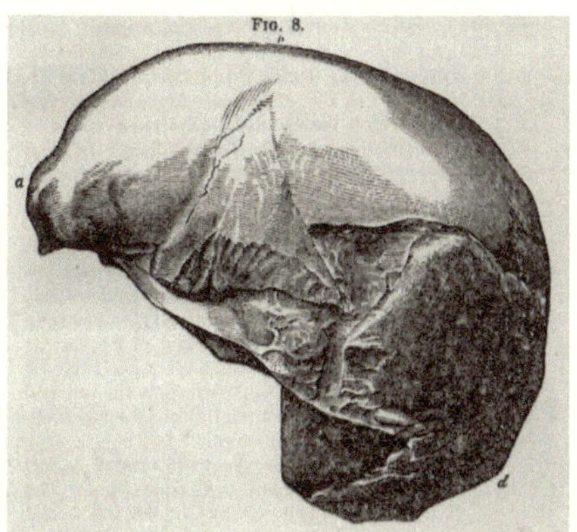

FIG. 8.
VUE LATÉRALE DU CRÂNE HUMAIN TROUVÉ DANS LA GROTTE D'
ENGIS .

un. Crête sourcilière et glabelle.

b. Suture coronale.

d. La protubérance occipitale.

« La vue de face montre que le toit du crâne était très régulièrement et élégamment arqué dans le sens transversal, et que le diamètre transversal était un peu moins au-dessous des protubérances pariétales qu'au-dessus d'elles. Le front ne peut pas être qualifié d'étroit par rapport au front. reste du crâne, ni on ne peut l'appeler front en retrait ; au contraire, le contour antéro-postérieur du crâne est bien cambré, de sorte que la distance le long de ce contour, depuis la dépression nasale jusqu'à la protubérance occipitale, mesure environ 13,75 ". L'arc transversal du crâne, mesuré d'un foramen auditif à l'autre, à travers le milieu de la suture sagittale, est d'environ 13 pouces. La suture sagittale elle-même mesure 5,5 pouces de long. Les proéminences sourcilières ou arcades sourcilières (*a*) sont bien développés, mais sans excès, et sont séparés par une dépression médiane. Leur élévation principale est disposée si obliquement que je les juge dus à de gros sinus frontaux. Si une ligne joignant la glabelle et la protubérance occipitale (*a* , *d* , Fig. 8) être rendue horizontale, aucune partie de la région occipitale ne dépasse de plus d'un dixième de pouce derrière l'extrémité postérieure de cette ligne, et le bord supérieur du foramen auditif est presque en contact avec une ligne tracée parallèlement à ceci sur la surface externe du crâne. " [27]

Certaines des opinions exprimées par le professeur Huxley diffèrent de celles d'autres scientifiques éminents. Lubbock rapporte qu'il aurait déclaré : « Il n'y a aucune marque de dégradation dans aucune partie de sa structure. Il s'agit en fait d'un crâne humain assez moyen, qui aurait pu appartenir à un philosophe, ou aurait pu contenir le cerveau irréfléchi d'un sauvage. ". [28] M. Busk est d'accord et en partie en désaccord avec le professeur Huxley, car il a fait remarquer à Lyell : « Même si le front était quelque peu étroit, il pourrait néanmoins être égalé par les crânes d'individus de race européenne. » [29]

Le Dr Schmerling, Buchner et Vogt sont alignés contre Huxley. Le premier dit : « Je tiens pour démontré que ce crâne a appartenu à une personne aux facultés intellectuelles limitées, et nous en concluons qu'il appartenait à un homme d'un faible degré de civilisation. » [30] "En raison de l'étroitesse de la partie frontale, il appartenait à un individu de faible développement intellectuel." [31] Buchner dit : « Par sa longueur et son étroitesse, la légère élévation de son front, la forme des orbites largement séparées et les arcs supra-orbitaux bien développés , il ressemble, surtout vu de dessus, au célèbre crâne de Néandertal, mais en général, il est bien supérieur à celui-ci dans sa structure. [32] Carl Vogt "le considère, en référence à la proportion de longueur par rapport à la largeur, comme l'un des crânes les plus défavorisés, ressemblant à des animaux et simiens." [33]

La cause de cette grande divergence d'opinions peut provenir de la méconnaissance du fait que plus la formation dans laquelle se trouve un crâne est ancienne, plus le type est bas. L'observateur ordinaire, à en juger par le moulage du crâne, n'y verrait rien de semblable à un singe, et n'y verrait certainement aucune indication d'un philosophe.

CRÂNE DE NEANDERTHAL.

Le crâne de Néandertal a été prélevé dans une petite grotte ou grotte de la vallée de la Düssel , près de Düsseldorf, située à environ soixante-dix milles au nord-est de la région des cavernes liégeoises . La grotte est située dans un ravin profond à soixante pieds au-dessus de la rivière, à cent pieds au-dessous de la surface du pays, et à une distance d'environ dix pieds de la rivière Düssel . Elle a quinze pieds de profondeur depuis l'entrée (f), qui a sept ou huit pieds de largeur. Avant que la caverne ait été endommagée, elle s'ouvrait sur un étroit plateau situé en face. Le sol de la grotte était recouvert de quatre ou cinq pieds d'épaisseur d'un dépôt de boue ou de limon, et contenait quelques fragments arrondis de chert. Deux ouvriers, en enlevant ce dépôt, remarquèrent d'abord le crâne, placé près de l'entrée, et rencontrèrent plus loin les autres os. Comme les ossements n'étaient pas considérés comme ayant une quelconque importance, au moment de leur découverte, seuls les plus gros ont été conservés.

FIG. 9.
COUPE DE LA GROTTE DE NÉANDERTAL.

un. Caverne à soixante pieds au-dessus du Düssel et à cent pieds sous la surface du pays à *c* .

b. Argile recouvrant le sol de la grotte au fond de laquelle le squelette humain a été découvert.

Californie . _ _ Loue reliant la grotte à la surface supérieure du pays.

d. Loam sableux superficiel.

e. Calcaire du Dévonien.

F. Terrasse, ou corniche rocheuse.

Des discussions ont eu lieu concernant l'époque géologique de ces ossements. Il n'y avait aucune stalagmite recouvrant la boue ou le limon dans lequel le squelette a été trouvé, et aucun autre os rencontré à l'exception d'une défense d'ours. Aucune donnée précise n'est fournie permettant de connaître sa position. Le professeur Huxley déclare que les ossements « indiquent une très haute antiquité ». [34] Buchner est très positif dans sa déclaration et déclare que « le gisement limoneux qui remplit en partie les grottes de l'homme de Néandertal et les fentes et fissures de ses montagnes calcaires, et dans lequel tant les os de l'homme de Néandertal que les os et les dents fossiles d'animaux étaient incrustés, est exactement le même qui, dans les cavernes de Néandertal, recouvre toute la montagne calcaire d'un dépôt de dix à douze pieds d'épaisseur, et dont l'origine diluvienne est indubitable. [35] Le Dr Fuhlrott dit : « La position et la disposition générale de la localité dans laquelle ils ont été trouvés placent, à mon avis, hors de doute que les os appartiennent au diluvium, et donc aux temps primitifs, *c'est- à-dire.* ils nous viennent d'une époque passée où notre pays natal était encore habité par diverses espèces d'animaux, notamment des mammouths et des ours des cavernes, qui ont depuis longtemps disparu de la série des êtres vivants. [36]

L'origine diluvienne ou glaciaire du crâne de Néandertal est encore confirmée par les découvertes faites, au cours de l'été 1865, dans le Teufelskammer . Cette caverne est située à cent trente pas de celle dans laquelle les ossements humains ont été trouvés, et du même côté de la rivière. Dans le dépôt limoneux de cette grotte ont été trouvés de nombreux os fossiles et dents de rhinocéros, grotte -ours, hyène des cavernes et autres animaux disparus. "Une grande partie de ces os, en particulier ceux des ours des cavernes, s'accordent par leur couleur, leur poids, leur densité et la préservation de leur structure microscopique avec les os humains trouvés dans la grotte Feldhofner (dans laquelle l'homme de Néandertal a été trouvé). , et les deux sont recouverts des mêmes *dendrites* , ou marques ressemblant à des arbres. [37]

Avant d'entrer dans la description et la discussion de ce crâne remarquable, nous donnerons une énumération des autres os. Tous les os sont caractérisés par leur épaisseur inhabituelle et par le grand développement de toutes les élévations et dépressions destinées à l'attachement des muscles. Les deux fémurs étaient en parfait état, ainsi que l'humérus et le radius droits ; le tiers supérieur du cubitus droit ; le cubitus gauche complet, bien que pathologiquement déformé, l'apophyse coronoïde étant tellement élargie par la croissance osseuse que la flexion du coude au-delà d'un angle droit était impossible ; l'humérus gauche est beaucoup plus mince que le droit, et le tiers supérieur manque. Sa fosse antérieure destinée à recevoir l'apophyse coronoïde est remplie d'une excroissance osseuse et, en même temps, l'apophyse olécrânienne est fortement courbée vers le bas. Il semble qu'une blessure subie au cours de la vie soit à l'origine de ce défaut. Il y avait un ilion presque parfait ; un fragment de l'omoplate droite ; l'extrémité antérieure d'une côte du côté droit, et deux parties postérieures et une partie médiane de côtes ressemblant plus aux côtes d'un animal carnivore qu'à celles de l'homme. Cette condition anormale est due au développement puissant des muscles thoraciques.

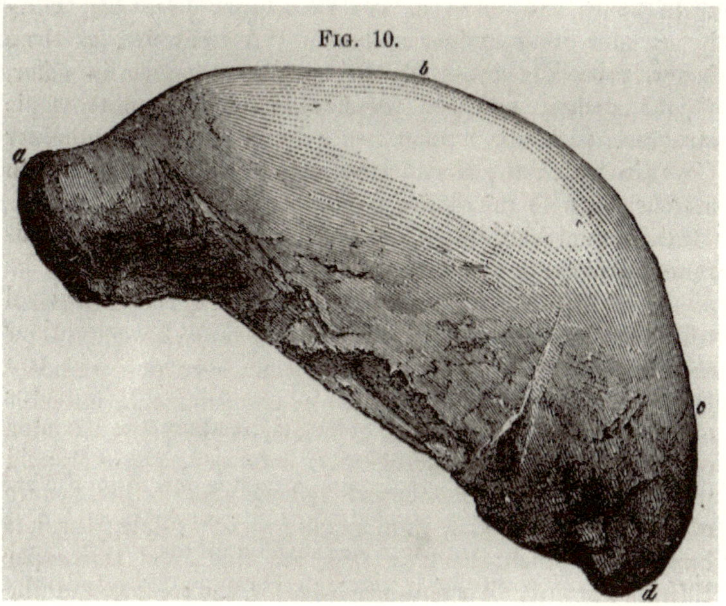

FIG. 10.
VUE LATÉRALE DU CRÂNE HUMAIN DE LA GROTTE FELDHOFNER ,
CHEZ L'HOMME DE NÉANDERTAL, PRÈS DE DÜSSELDORF.

un. La crête sourcilière et la glabelle.
c. Le sommet de la suture lambdoïdale.
b. La suture coronale.
d. La protubérance occipitale.

Le crâne est ainsi décrit par le professeur Huxley. "Il a une longueur extrême de 8 pouces, alors que sa largeur n'est que de 5¾ pouces, ou en d'autres termes, sa longueur est à sa largeur comme 100 à 72. Il est extrêmement déprimé, mesurant seulement environ 3,4 pouces du glabello -occipital. ligne jusqu'au sommet. L'arc longitudinal, mesuré de la même manière que dans le crâne d'Engis , est de 12 pouces ; l'arc transversal ne peut pas être exactement déterminé, en conséquence de l'absence des os temporaux, mais était probablement à peu près le même, et certainement dépassé 10¼ pouces. La circonférence horizontale est de 23 pouces. Mais cette grande circonférence provient en grande partie du vaste développement des crêtes sourcilières, bien que le périmètre du boîtier cérébral lui-même ne soit pas petit. Les grandes crêtes sourcilières donnent au front un aspect beaucoup plus reculé. apparence que son contour interne ne le confirmerait. Pour un œil anatomique, la partie postérieure du crâne est encore plus frappante que la partie antérieure. La protubérance occipitale occupe l'extrémité postérieure du crâne, lorsque la ligne glabello -occipitale est rendue horizontale, et si loin de toute partie de la région occipitale s'étendant au-delà d'elle, cette région du crâne s'incline obliquement vers le haut et vers l'avant, de sorte que la suture lambdoïdale est bien située sur la surface supérieure du crâne. En même temps, malgré la grande longueur du crâne, la suture sagittale est remarquablement courte (4½ pouces) et la suture squamosale est très droite." [[38] ... "Le crâne, dans son état actuel, contient environ soixante -trois pouces cubes anglais d'eau. Comme le crâne entier aurait difficilement pu contenir moins de douze pouces cubes de plus, sa capacité minimale peut être estimée à soixante-quinze pouces cubes.... Il n'a certainement pas subi de compression et, en réponse à la suggestion selon laquelle le crâne est celui d'un idiot, on peut dire que la *responsabilité du problème* incombe à ceux qui adoptent l'hypothèse. L'idiotie est compatible avec des formes et des capacités très diverses du crâne, mais je n'en connais aucune qui présente la moindre ressemblance avec le crâne de Néandertal. » [39]

Le professeur Huxley décrit ce crâne comme étant le plus ressemblant à celui d'un singe de tous les crânes humains qu'il ait jamais vu, et lors de son examen, des caractères ressemblant à des singes sont rencontrés dans toutes ses parties. [40] Buchner dit que le visage de l'homme de Néandertal devait présenter une expression effroyablement bestiale et sauvage, ou simiesque (voir frontispice). [41] Le professeur Schaaffhausen et M. Busk ont déclaré que « ce crâne est le plus brutal de tous les crânes humains connus, ressemblant à ceux des singes non seulement par le développement prodigieux des proéminences sourcilières et l'extension vers l'avant des orbites, mais encore plus dans la forme déprimée du cerveau, dans la rectitude de la suture squamosale et dans le retrait complet de l'occiput vers l'avant et vers le haut, à partir des crêtes occipitales supérieures. [42]

Le professeur Schaaffhausen et le Dr Buchner considéraient ce crâne comme un type racial, et le professeur Huxley a déclaré "qu'il ne constitue véritablement que le membre extrême d'une série menant progressivement aux formes les plus élevées et les mieux développées de crânes humains". [43]

Le fait que ce crâne soit un type racial ressort clairement du fait qu'il ne s'agit pas d'un cas isolé. Le fragment de crâne provenant des lœss du Rhin (Alsace), par son front déprimé et ses arcades sourcilières fortement saillantes, ressemble beaucoup au crâne de Néandertal. Le crâne en tuf calcaire de

Constatt , par son front bas et étroit et ses fortes arcades sourcilières, ressemble à celui de Néandertal. [44] Le crâne trouvé dans la brèche osseuse, dans la grotte de Cochrane (Gibraltar), « ressemble, dans tous les détails essentiels, y compris sa grande épaisseur, au célèbre crâne de Néandertal. Sa découverte ajoute énormément à la valeur scientifique du spécimen de Néandertal, ne serait-ce que pour montrer que cette dernière ne représente pas, comme beaucoup l'ont supposé jusqu'ici, une simple particularité individuelle, mais qu'elle peut avoir été caractéristique d'une race s'étendant du Rhin aux colonnes d'Hercule. [45] En parlant du crâne de Néandertal, le professeur Schaaffhausen dit : « Il est intéressant de noter qu'une projection similaire, bien que plus petite, des arcades sourcilières a généralement été trouvée dans les crânes des races sauvages.... Le crâne remarquablement petit de les tombes de l'île de Moën , examinées par le professeur Eschricht ; les deux crânes humains, décrits par le Dr Kutorga , du gouvernement de Minsk (Russie), dont l'un surtout présente une grande ressemblance avec le crâne de Néandertal ; le crâne humain squelette trouvé près de Plau , dans le Mecklembourg, dans une tombe très ancienne, en position accroupie, ... dont le crâne indique une époque très lointaine, où l'homme se trouvait à un niveau de développement très bas ; " et d'autres découvertes similaires près du Mecklembourg, leurs crânes présentant également des fronts courts et fuyants et des sourcils saillants. [46]

Le professeur Huxley considère que les crânes de Borreby , appartenant à l'âge de pierre du Danemark, « présentent une grande ressemblance avec le crâne de Néandertal, ressemblance qui se manifeste par la dépression du crâne, le front fuyant, l'occiput contracté et les crêtes sourcilières saillantes ». ". [47]

Crâne humain d'Arno. — Le crâne humain, découvert par le professeur Cocchi dans la vallée de l'Arno, près de Florence, dans l'argile diluvienne, ainsi que divers os d'espèces animales disparues, est considéré par Carl Vogt comme étant d'une antiquité comparable aux crânes d' Engis et de Néandertal. [48]

CHAPITRE IV.

ÉPOQUES PRÉGLACIAIRES.

L'âge précédant immédiatement l'ère glaciaire, et par conséquent l'ère post-tertiaire, est connu sous le nom d' époque pliocène , la dernière du tertiaire.

La période tertiaire commence à la fin du Crétacé. Une carte du début de la période tertiaire représenterait des parties du Maryland, de la Virginie, des Carolines, de la Géorgie, de l'ensemble de la Floride, des parties inférieures de l'Alabama, du Mississippi, du Texas, de l'ensemble de la Louisiane et du territoire adjacent des deux côtés du Mississippi. , jusqu'au Caire, comme recouvert d'eau. Également une grande mer s'étendant à travers le Nebraska et la partie occidentale de Dacotah , et prenant une direction nord-ouest jusqu'à ce qu'elle se jette dans le Pacifique. En Europe, le grand bassin de Paris (sauf une zone de craie), la plus grande partie de l'Espagne et de l'Italie, toute la Belgique, la Hollande, la Prusse, la Suisse, la Hongrie, la Valachie et le nord de la Russie, comme une vaste nappe d'eau. L'Angleterre et la France étaient reliées par une bande de rochers.

Vers le milieu du tertiaire, un climat tropical ainsi qu'une faune et une flore tropicales se sont répandus sur toute l'Europe. Palmiers, cèdres, lauriers et canneliers fleurissaient dans les vallées de Suisse, et plus de trente espèces différentes de chênes ornaient les forêts de cette époque.

En Europe, à l' Éocène , on a trouvé trente espèces de crocodiles ; de nombreuses espèces de serpents, mesurant vingt pieds de long ; une douzaine d'espèces d'oiseaux ; les tapirs (*Palæothere* et *Lophiodon*), deux espèces de porcs, quelques ruminants et rongeurs.

Au Miocène , parmi les *Pachydermes* , on peut citer le mastodonte, l'éléphant, le dinothère (un animal éléphantin), le rhinocéros, le porc, le cheval, le tapir et l'hippopotame ; parmi *les carnivores* , le machairodus , la hyène, le lion et le chien ; parmi *les ruminants* , le chameau, le cerf et l'antilope. Il y avait des singes et bien d'autres animaux.

Au pliocène , outre ceux énumérés, on trouve l'ours, le lièvre et d'autres animaux.

Dans les couches tertiaires de l'Amérique, on a trouvé des mastodontes, des éléphants, des rhinocéros, des cerfs, des chameaux, des renards, des loups, des chevaux, des baleines et d'autres mammifères .

En raison du grand laps de temps, on ne peut pas s'attendre à ce que de nombreuses traces de l'homme soient découvertes au cours de cette première période.

Sur des bases théoriques, Lyell pensait qu'il était très probable que l'homme ait vécu au pliocène ; mais à propos du Miocène , il dit : « Si un autre être rationnel, représentant l'homme, avait alors prospéré, certains signes de son existence n'auraient guère pu passer inaperçus, sous la forme d'instruments de pierre ou de métal, plus fréquents et plus durables que ceux du Miocène. les restes osseux de l'un des mammifères . [49] Sir J. Lubbock, tout en admettant l'existence de l'homme au pliocène , va plus loin et dit : « Si l'homme constitue une famille distincte de mammifères , comme il le fait de l'avis des plus hautes autorités, alors, selon toutes les paléontologiques Par analogies, il a dû avoir des représentants au Miocène . Il ne faut cependant pas s'attendre à en trouver les preuves en Europe : nos plus proches parents dans le règne animal sont confinés aux climats chauds, presque tropicaux, et c'est dans de tels pays que nous sont les plus susceptibles de trouver les premières traces de la race humaine. [50] Alfred R. Wallace distance tous ses contemporains , car il dit : « Nous sommes en mesure de situer l'origine de l'homme à une époque géologique beaucoup plus reculée qu'on ne l'avait encore cru possible. Il se peut même qu'il ait vécu au période du miocène ou de l'éocène , où aucun mammifère n'était identique en forme à une espèce existante. [51]

Certaines des découvertes les plus anciennes et les plus récentes des géologues ont réglé la question de l'homme tertiaire ; et les « signes de son existence », sous la « forme d'instruments de pierre », comme l'exigeait Lyell, ont été fournis.

L'homme au Pliocène. — On a déjà laissé entendre que les preuves de l'homme sont très rares à cette époque primitive. Le premier exemple, dans la liste suivante, confine étroitement au glaciaire, mais suffisamment éloigné pour être référé au pliocène .

Lors de la construction d'un canal entre Stockholm et Göteborg, il a fallu percer une de ces collines appelées *osars* ou blocs erratiques, déposés par les glaces dérivantes à l'époque glaciaire. Sous un immense amas d' osars , avec des coquillages et du sable, on découvrit dans la couche la plus profonde du sous-sol, à une profondeur d'environ soixante pieds, une masse circulaire de pierres, formant un foyer, au milieu duquel se trouvaient des charbons de bois. . Aucune autre main que celle de l'homme n'aurait pu accomplir l'œuvre. [52]

Dans les couches pliocènes des environs de la ville de Savonie en Ligurie, MA Issel a trouvé plusieurs ossements qui présentaient tous les signes physiques d'une très haute antiquité. Le Dr Buchner est d'avis qu'avant de pouvoir utiliser ces os comme preuve satisfaisante , ils doivent faire l'objet d'un test plus précis de la part des autorités scientifiques. [53]

Dans les couches du pliocène supérieur de Saint- Prest (France), M. Desnoyers a trouvé des traces de l'action humaine sur les ossements d'animaux appartenant au tertiaire. Ces fractures sont analogues à celles de l'action humaine observées sur les os de l'époque glaciaire, et identiques à celles pratiquées par les tribus du nord d'aujourd'hui sur les crânes des ruminants. Les os marqués trouvés étaient ceux de l'éléphant du Sud (*E. meridionalis*), du rhinocéros (*R. leptorinus*), de l'hippopotame majeur, de plusieurs espèces de cerfs et de deux bœufs . Carl Vogt affirme que cette découverte est non seulement authentique, mais que la formation dans laquelle les os ont été trouvés est résolument tertiaire. Il se caractérise en outre par la présence de l'éléphant austral (*E. meridionalis*). Comme cet éléphant a disparu avant l'ère glaciaire, les ossements précèdent par conséquent l'ère glaciaire et l'âge de l'ours des cavernes, du mammouth et du rhinocéros ticorrinien. L'éminent naturaliste français Quatrefages confirme le témoignage de Desnoyers . [54]

Les conclusions de Desnoyers sont confirmées sans aucun doute par les découvertes plus récentes de l'abbé Bourgeois. Dans les mêmes couches tertiaires de Saint- Prest , dans lesquelles ont été retrouvés les ossements marqués ou fracturés, Bourgeois a découvert des silex travaillés, comprenant des éclats, des poinçons et des grattoirs. [55]

Un crâne humain, appartenant au pliocène , a été découvert par James Matson, à Altaville , dans le comté de Calaveras , en Californie, à une profondeur de cent trente pieds, sous cinq lits de graviers séparés par cinq couches de lave, associées aux os. d'un rhinocéros, d'un chameau et d'un cheval disparus. La base du crâne est encastrée dans une masse de brèche osseuse et de petits cailloux de roche volcanique. La forme du crâne ressemble à celle des Indiens Digger et est d'une épaisseur remarquable. [56]

L'homme au Miocène. [57] —M. Bourgeois a trouvé, dans une strate du miocène , près de Pontlevoy , de nombreux silex travaillés et d'autres silex qui ont été soumis à l'action de la chaleur. Ces œuvres de l'homme étaient associées aux restes de l' acerotherium (une espèce disparue alliée au rhinocéros), et sous cinq lits distincts, dont l'un contenait les os roulés de rhinocéros, de mastodonte et de dinotherium. [58]

M. Tardy a trouvé un éclat de silex d'une fabrication incontestable dans les couches miocènes d'Aurillac (Auvergne), ainsi que des restes de *Dinotherium giganteum* et *de machaerodus . latidens* . [59]

M. Bourgeois rapporte que l'abbé Delaunay avait trouvé près de Pouance (Maine-et-Loire), des os fossiles d'un *halithérium* (cétacé herbivore du miocène), portant des traces évidentes d'opérations avec des instruments coupants. [60]

Dans les lits de gravier du Miocène des territoires du Colorado et du Wyoming, des éclats de chert, des marteaux, des ciseaux, des couteaux et des coquilles forgées ont été trouvés. [61]

Éocène. — Jusqu'à présent, les géologues n'ont découvert aucune trace de l'homme à l'époque éocène.

CHAPITRE V.

CONDITION DE L'HOMME DANS LES TEMPS LES PLUS ANCIENS.

Il n'existe aucune connaissance précise de la première apparition de l'homme sur la planète. Son origine est un mystère. On suppose généralement que son lieu de naissance se trouve en Asie centrale. Là, le géologue regarde avec un œil nostalgique et espère finalement percer non seulement le mystère caché du lieu de naissance de sa race, mais aussi comment et par quel processus naturel il est né.

Si le Miocène est le point le plus ancien de son histoire, et l'Asie centrale le lieu de sa naissance, alors il a été introduit sur la scène de la vie au cours de la période et entouré par la faune nombreuse de l'Inde. À cette époque, ses mammifères comprenaient , outre le quadrumane , l'éléphant (sept espèces), le mastodonte (trois espèces), le rhinocéros (cinq espèces), le cheval (trois espèces), l'hippopotame (quatre à sept espèces), le porc (trois espèces), le chameau, la girafe, le sivatherium (un cerf éléphantin, ayant quatre cornes et censé avoir eu la masse d'un éléphant et une plus grande taille), l'antilope, le cerf porte-musc, le mouton, le bœuf (plusieurs espèces), le dinotherium, le porc-épic, les espèces d'hyène, le lion et bien d'autres.

On ne peut pas présumer que les facultés intellectuelles de l'homme aient été ordinairement développées, car il ne serait pas naturel de supposer qu'il était supérieur à celles des temps ultérieurs. A en juger par les vestiges des temps ultérieurs, l'homme aurait pu être très peu éloigné de la brute. Il est naturel de supposer qu'au début il n'avait ni feu, ni armes offensives ou défensives . Sa nourriture devait être constituée d'herbes, de racines et de fruits de l'arbre, éventuellement accompagnés d'un morceau occasionnel de viande crue. Son oreiller était une pierre, sa retraite une grotte ou les branches d'un arbre très étendu et ses vêtements une fourrure naturelle.

En présence des bêtes féroces, le domaine de l'homme peut sembler de courte durée. La Providence a tout ordonné avec sagesse. Placé au bas de l'échelle de la vie, brutal, égoïste, rôdeur et prudent, l'homme, par la force même des circonstances, devait développer progressivement les facultés de son esprit. Avec l'éléphant et le mastodonte , il ne pouvait pas faire face et ils ne voulaient pas non plus l'agresser. Pour le féroce carnivore, il pourrait devenir une proie. Il pouvait s'enfuir et trouver un abri dans la cime des arbres ou dans quelque lieu sûr de la terre. Apprenant sa propre force par l'expérience, il s'aventurait en excursions et rencontrait face à face son ennemi mortel. Pour se défendre, il découvrit, probablement par hasard, qu'un gourdin était une arme puissante pour repousser son féroce adversaire.

Peu à peu, il apprit qu'un silex pointu enfoncé au bout d'une massue était une arme plus sûre et plus mortelle. Grâce à cela, il pourrait résister à une compétition inégale.

Le mode de vie, ainsi que les épreuves de sa force, développèrent son système musculaire. Ses muscles sont devenus gros et durs, et ses os épais et lourds. Le premier type d'homme est généralement supposé être *dolichocéphale* , ou à tête longue. Les parois du crâne étaient épaisses et la couronne basse. Il était de stature ordinaire, mais bâti pour l'action et d'une grande puissance. Son maquillage était le résultat de son environnement.

Son avancement fut très lent. Sur toute la durée des époques miocène et pliocène , il n'est pas traçable. Il n'y avait pas de révolution dans son esprit ; un pas en avant aurait été un grand pas en avant. On ne peut pas non plus s'attendre à des progrès rapides. L'esprit était brutal ; et tous les instincts sensuels. Mais un changement majeur s'attendait. Le climat tropical devrait se transformer en un hiver de neige et de glace. L'homme devrait le ressentir et bénéficier du nouveau danger. Son esprit paresseux devrait être vivifié et le génie inventif devrait être mis en action. Le soleil ne pouvait plus donner sa chaleur. Les forêts se refroidissaient, les vents glacials balayaient les plaines et le refuge dans la grotte était humide et inhospitalier. Les bêtes sauvages ou mouraient de froid, ou bien se revêtaient de poils longs et épais et reculaient devant la neige accumulée. L'homme regardait sérieusement autour de lui. Il a beaucoup souffert et son nombre a diminué. Un incendie s'était produit. Comment, personne ne peut le dire ; peut-être par accident. Il devint alors plus attentif au feu et, le brandon à la main, il alla de lieu en lieu, allumant les feux aux différents lieux de repos. Cela n'était pas non plus suffisant. Son ingéniosité a été mise à rude épreuve. Les vents devenaient de plus en plus froids. La neige, tombant en gros flocons, se consolida bientôt et devint comme de la glace. Le corps ne pouvait pas rester au chaud. Il faut avoir des vêtements, et ceux-ci doivent être fournis par les bêtes sauvages. Leurs peaux doivent contribuer à protéger la vie de l'homme. Les animaux raidis et gelés ne fourniraient pas à eux seuls une couverture suffisante. Il faut inventer les couteaux. À partir du silex, on fabriquait des couteaux grossiers, au moyen desquels les peaux étaient enlevées et transférées sur les corps des hommes. Mais le long hiver qui continue, la vie des animaux vivants doit être perdue, tant pour la chair que pour la peau. Des pointes de flèches grossières, presque informes, ont été produites. Il fallait avoir du bois pour se réchauffer et cuisiner, et former de grossiers radeaux au moyen desquels les rivières en crue pouvaient être traversées. Alors ces haches de pierre de la Somme furent façonnées et répondirent à leur besoin.

L'homme était enfin prêt à affronter les rigueurs de l'hiver, les périls de la glace et à se protéger de la famine. Non content de ses conflits avec la nature, sa passion brutale s'excite contre ses congénères. Les coups mortels s'abattent rapidement les uns sur les autres, le sang coule à flots, les os cèdent et le plus faible a succombé. Il y a de féroces luttes autour de la proie commune, et les forts imposent aux faibles. Fidèle à son instinct, il est grégaire. Il vit en communauté ; et les plus audacieux, les chasseurs, ayant leurs lieux de rencontre communs, façonnent leurs armes et rivalisent de prouesses.

A l'époque glaciaire, la condition de l'homme devait rester inchangée, après qu'il s'était doté d'armes de pierre grossières. Il passait la majeure partie de son temps à se préserver. Il se retirait avant tout en bondissant par-dessus le flot gelé à la poursuite du gibier. Cette expérience doit finalement être positive. Lorsque les glaciers commencèrent à reculer, l'homme les suivit de près et n'oublia pas la valeur de ces armes de pierre qui lui procuraient de la nourriture. Ils servaient contre l'ours des cavernes, la hyène des cavernes, le lion des cavernes, et seraient d'une grande utilité dans les âges à venir. En les remodelant un peu , ils pourraient être utilisés à un plus grand avantage ; et ce changement de forme fut accompli, et d'autres usages du silex furent connus.

La forme, l'aspect et la véritable position de l'homme sont compris par les reliques de l'ère glaciaire. Les ossements humains racontent une histoire que n'importe quel anatomiste peut lire, même s'il n'est pas très compétent dans ce domaine. Le type primitif n'est pas un mystère et ces ossements fossiles racontent les terribles conflits d'autrefois.

L'homme de Néandertal a déjà été décrit. Sa structure est animale. Son histoire s'accorde avec l'idée généralement reçue de l'homme primitif tel que le conçoit le géologue. L'illustration (frontispice) le présente bestial et simiesque. Une organisation puissante et bien adaptée à cette époque. Ses os témoignent de terribles conflits. Il a vécu jusqu'à un âge avancé, car les traces de chaque suture sont effacées. Son crâne était très épais. Les arcades sourcilières fortes et proéminentes dénotent de grandes perceptions , le rendant vigilant et toujours en alerte. Ces ossements témoignent d'un terrible conflit. Le bras gauche était cassé ; qui sait, mais dans une compétition avec le grand ours des cavernes. Il a survécu au concours et a vu son bras diminuer et devenir presque inutile. Au-dessus de l'œil droit, il reçut, d'une source quelconque, un coup si violent qu'il emporta une partie de l'os. La griffe d'un ours des cavernes, ou une arme en silex dans la main d'un membre de sa race , peut avoir provoqué cette fracture. Il a néanmoins survécu et sa blessure a guéri. Tout cela témoigne de sa force et de sa robustesse. Il donne une vision intérieure des merveilleuses difficultés et vicissitudes de l'homme primitif.

Le crâne d'Engis appartient au même type, quoique moins bestial. Il est possible que cet individu ne se soit pas lancé dans la chasse et ne se soit pas engagé dans les activités viriles de cette époque. Il s'agissait peut-être d'un conseiller ou d'un dandy ; ou bien, son ingéniosité l'a peut-être conduit à la vocation de fabriquer des armes et des instruments à partir du silex.

À l'époque de l' homme d'Engis , il y avait aussi bien des hommes grands que des hommes petits et costauds. Dans la même caverne, on a trouvé une clavicule appartenant à un jeune qui devait être de grande taille.

Les mâchoires de La Naulette et de Moulin- Quignon présentent une grande tendance à la structure animale et confirment les impressions données sur la condition primitive de l'homme aux époques glaciaires et préglaciaires.

CHAPITRE VI.

ÉPOQUE INTERGLACIAIRE.

Les glaciers sont partis. L'été revient. Les forêts fleurissent et la bête sauvage rôde. De nombreuses espèces ont résisté au long siège du froid ; d'autres ont péri ; d'autres encore suivaient la glace dans son retrait, préférant le froid à la chaleur qui arrivait. Les crues s'étaient calmées et l'homme s'étendait sur les différentes étendues fleuries et rayonnantes de splendeurs terrestres.

Les preuves de l'existence de l'homme à cette époque sont nombreuses, constituées d'œuvres d'art et de restes fossiles. Seuls quelques exemples sont donnés, car il n'en faudra pas beaucoup pour présenter les preuves et montrer la condition de l'homme.

La fosse aux hyènes de Wokey Hole, explorée par M. Dawkins, offre des spécimens des œuvres de l'homme. Lorsqu'elle a été découverte, cette tanière était remplie jusqu'au toit de *débris* . Sous ces décombres ont été trouvées plusieurs couches d'excréments de l'hyène des cavernes (*H. spelæa*), dont chacune indique un ancien sol et une période d'occupation distincte.

Les outils se trouvaient sous ces couches d'excréments, ce qui prouvait que la grotte avait été occupée par les hyènes après l'époque des sauvages. Ces outils n'avaient pas été perturbés par l'action de l'eau. Dans la terre osseuse, avec les restes de l'hyène des cavernes, ont été trouvés ceux du mammouth, du rhinocéros de Sibérie (*R. tichorrhinus*), du bœuf gigantesque (*Bos primigenius*), du gigantesque cerf irlandais (*Megaceros Hibernicus*), le renne, l'ours des cavernes, le lion des cavernes (*Felis spelæa*), le loup (*Canis lupus*), le renard (*Canis vulpes*), ainsi que les dents et les os du cheval en grand nombre. A ces os se mêlaient des silex taillés, une arme en silex blanchi du type pointe de lance d'Amiens et des pointes de flèches en os.

À droite se trouve le mégatherium. Cet animal appartenait à la tribu des paresseux et était originaire d'Amérique du Sud. Il dépassait en taille le plus grand rhinocéros , et la longueur de son squelette atteignait parfois dix-huit pieds. Devant, près du centre , se trouve le glyptodon, un autre animal sud-américain de la tribu des tatous. La longueur de sa coquille, le long de la courbe, était de cinq pieds, et la longueur totale de l'animal, de neuf pieds. Juste derrière le glypodon , et s'accrochant à un arbre, se trouve le mylodon, appartenant à la fois à l'Amérique du Nord et à l'Amérique du Sud, dont une espèce était beaucoup plus grande que le buffle occidental. À gauche et à l'arrière se trouve le mastodonte, dont les restes se trouvent en Amérique du Nord et en Amérique du Sud, bien que d'espèces différentes. Si cette scène ne représente pas les animaux auxquels nous avons affaire, les traits généraux donnent cependant une idée de ceux qui nous intéressent.

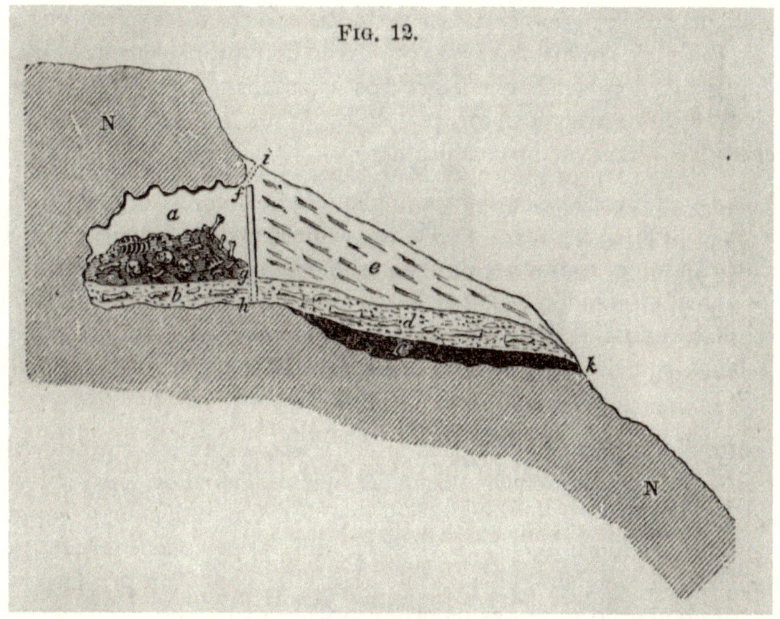

FIG. 12.
**COUPE DE LA GROTTE SÉPULCRALE, SUR LA COLLINE DES FAJOLES ,
AURIGNAC.**

un. Voûte dans laquelle ont été retrouvés les dix-sept squelettes humains.

b. Couche de terre artificielle, de deux pieds d'épaisseur, à l'intérieur de la grotte dans laquelle étaient incrustés quelques ossements humains, avec des ossements entiers d'espèces animales éteintes et vivantes, et de nombreuses œuvres d'art.

c. Des couches de cendres et de charbon de bois de huit pouces d'épaisseur, contenant des os brisés, brûlés et rongés de mammifères éteints et vivants , ainsi que des pierres de foyer et des œuvres d'art ; pas d'ossements humains.

d. Dépôt avec un contenu similaire ; aussi quelques cendres éparses.

e. Talus de détritus emportés par la colline au-dessus.

f , g . Dalle de roche qui fermait la voûte.

si . _ _ Terrier de lapin.

h , k . Terrasse originale .

N. Calcaire nummulique.

Dans la caverne de Maccagnone , en Sicile, on a trouvé des cendres et des instruments en silex grossier dans une brèche contenant les os de l'éléphant (*E. antiquus*), de l'hyène, d'un gros ours, d'un lion (probablement *F. spelæa*) et d'un grand nombre d'ossements. d'os appartenant à l'hippopotame. Le béton de cendres avait autrefois rempli la caverne, et un gros morceau de brèche osseuse était encore cimenté au toit.

Le grand nombre d'hippopotames implique que la condition physique du pays était différente de ce qu'elle est actuellement. La brèche osseuse cimentée au toit et recouverte de stalagmite témoigne que la grotte, quelque temps après la formation de la brèche, a été emportée par les eaux. L'époque exacte de la formation de cette brèche ne peut être donnée, mais, selon toute probabilité, peu de temps après l'extinction de l'ours des cavernes, voire avant.

La grotte d'Aurignac, dans laquelle furent retrouvés les dix-sept squelettes humains, fut soigneusement examinée par Lartet huit ans après sa découverte. La niche a été formée dans du calcaire nummulitique. Devant la grotte et à côté du calcaire (*c* , fig. 12) se trouvait une couche de cendres et de charbon de bois, de huit pouces d'épaisseur, contenant des pierres de foyer, des œuvres d'art et des os brisés, brûlés et rongés d'objets éteints et rongés. mammifères récents . Immédiatement au-dessus de cette couche (*d*) il y en avait une autre, de terre battue, de deux pieds d'épaisseur, s'étendant dans la grotte ; et son contenu est semblable à l'autre, sauf que dans la grotte ont été trouvés quelques ossements humains. La grotte était fermée par une dalle, et la terre faite à l'extérieur était recouverte d'un talus de détritus (*e*), emportés par la colline au-dessus.

Dans ces couches, on ne trouva pas moins d'une centaine d'instruments en silex, composés de couteaux, de projectiles, de frondes, de copeaux et d'une pierre faite pour modeler les silex. Les outils en os étaient des flèches sans ardillon, un corps bien formé et pointu en corne de chevreuil et d'autres outils en corne de renne. En plus de cela, on trouva dix-huit petites assiettes rondes et plates, d'une substance coquillière blanche, faites de quelques espèces de coques (*cardium*), percées au milieu ; aussi la défense d'un jeune ours des cavernes, dont la couronne avait été sculptée à l'imitation d'une tête d'oiseau.

Voici une liste des différentes espèces trouvées dans les couches, ainsi que le nombre approximatif d'individus appartenant à chacune :

I.—CARNIVORA.

	Nombre d'individus.
1. Ours des cavernes (*U. Spelæus*)	5-6
2. Ours brun (*U. arctos*)	1
3. Blaireau (*Meles taxus*)	1-2
4. Putois (*Putorius vulgaris*)	1
5. Lion des cavernes (*Felis spelæa*)	1
6. Chat sauvage (*Felis Catus férus*)	1
7. Hyène (*H. spelæa*)	5-6
8. Loup (*Canis lupus*)	3
9. Renard (*C. vulpes*)	18-20

II.—HERBIVORA.

1. Mammouth (*E. primigenius*)	Deux molaires et un astragale.
2. Rhinocéros (*R. tichorrhinus*)	1
3. Cheval (*Equus caballus*)	12-15
4. Cul (*E. asinus*)	1
5. Sanglier (*Sus scrofa*)	Deux incisives.

6. Cerf (*Cervus elephas*)	1
7. Cerf irlandais gigantesque (*Megaceros Hibernicus*)	1
8. Chevreuil (*C. capreolus*)	3-4
9. Renne (*C. tarandus*)	10-12
10. Aurochs (*Bison d'Europe*)	12-15

Les os à l'extérieur de la grotte ont été découverts comme pour l'extraction de la moelle, et beaucoup d'entre eux ont été brûlés. Les parties spongieuses manquaient, rongées par les hyènes.

M. Lartet est arrivé à la conclusion que cette grotte était un lieu de sépulture et que les os brisés ou fendus étaient les restes des fêtes funéraires. Il soutenait cela par le fait que les os de la grotte n'étaient pas fendus, brisés ou rongés, à l'exception de l'astragale du mammouth. Cette viande était déposée dans la grotte, probablement en offrande aux morts. Les os à l'extérieur de la grotte furent grattés, et tandis que les hommes étaient encore occupés au festin funéraire, les hyènes rôdaient autour des lieux et, à la fin du banquet, dévorèrent la chair qui restait. La dalle devant la grotte barrait leur entrée et, par conséquent, les os et les restes humains à l'intérieur restaient intacts.

Les observations faites par M. Cartailhac , en 1870, conduisent à des conclusions différentes. Après une inspection minutieuse, il découvrit une différence dans la couleur des parois de la grotte, indiquant que le dépôt inférieur était de couleur jaune et le suivant d'une teinte beaucoup plus claire. Dans les crevasses du bas, il trouva une dent de rhinocéros, une dent de renne et quelques os fracturés d'ours des cavernes. Dans le dépôt supérieur se trouvaient quelques petits os d'animaux vivants et d'hommes, ainsi qu'un fragment de poterie. De ces témoignages, M. Cartailhac a déduit que les dépôts inférieurs de la grotte correspondaient à ceux de l'extérieur, et que la couche contenant des ossements humains s'était formée à une époque ultérieure.

Que cette grotte ait été très tôt un lieu de villégiature, comme le prouvent les nombreux restes de l'ours des cavernes. Cet animal fut l'un des premiers de ces grands mammifères post-tertiaires à disparaître. La position exacte des restes du renne n'est pas indiquée. Si ses ossements étaient mêlés aux autres et retrouvés dans les couches les plus basses ainsi que dans les autres couches, cela indiquerait que le climat n'était pas très chaud lors du dépôt des couches, mais qu'il aurait été semblable à celui de la Suisse d'aujourd'hui. . Il est probable que les os de rennes ne se trouvaient pas dans la couche la plus basse et que, par conséquent, cette couche s'est formée sous le climat tropical, et les os de rennes et les squelettes humains ont été consignés dans la grotte vers la fin de la période interglaciaire, ou au début de l'ère glaciaire. l'époque du renne.

L'homme fossile de Denise, tiré d'un vieux tuf volcanique, doit être attribué à cette époque, puisqu'on a trouvé, dans des blocs de tuf similaires de la même région, les restes de l'hyène des cavernes et de l'hippopotame majeur. Cet homme fossile est constitué d'une partie frontale du crâne, la mâchoire supérieure, avec des dents, appartenant à la fois à un individu adulte et jeune ; un radius, quelques vertèbres lombaires et quelques os métatarsiens. Le tuf est léger et poreux, et aucun des os ne pénètre dans la roche plus compacte.

Dans le tas d'ordures, ou station de rennes, à la source de la Schusse , on a découvert plus de six cents silex fendus, avec une quantité de bois et d'os de renne en partie travaillés. Les ossements étaient si nombreux que M. Oscar Fraas a pu reconstituer un squelette complet du renne qui est aujourd'hui conservé au musée de Stuttgart. La plupart des os ont été ouverts dans le but d'en extraire la moelle. Il y avait de nombreux restes de poissons et un hameçon fabriqué en corne de renne. Il y avait aussi les os d'autres animaux, comme le glouton, le renard arctique et d'autres animaux vivant aujourd'hui dans les hautes latitudes septentrionales.

Parlant de cette station, le Dr Buchner dit : "Non seulement les recherches minutieuses sur les conditions géognostiques du lieu, mais aussi sur la flore de l'époque (car des restes de mousses ont été trouvés qui ne vivent plus maintenant que dans l'extrême nord), ne laissent aucune trace." Je ne doute pas que la station de rennes de la Schusse appartienne à l'époque glaciaire, ou qu'elle appartienne probablement exactement à l'intervalle entre les deux époques glaciaires qu'a probablement connu la Suisse. M. E. Desor a déclaré que ce dépôt était *la moraine terminale de le glacier du Rhin* , qui était autrefois très grand. D'ailleurs, selon lui, cette découverte est particulièrement remarquable, car c'est le premier exemple d'une station des hommes-rennes dans un gisement libre et découvert, leurs restes ayant jusqu'ici été retrouvés seulement dans les grottes. [62]

D'après les remarques du Dr Buchner, le grand nombre d'os de renne et certains signes d'avancement dans les arts, on peut conclure sans risque de se tromper que cette station appartient à la fin de l'interglaciaire.

CHAPITRE VII.

CONDITION DE L'HOMME DANS L'INTERGLACIAIRE.

La période interglaciaire s'est poursuivie pendant une longue période, couvrant plusieurs milliers d'années.

L'homme est un être améliorable et on peut s'attendre à certains progrès dans sa condition. Son mode de vie et ses conflits continus avec les féroces bêtes sauvages mettaient à rude épreuve chacun de ses moyens. La nécessité l'obligeait à être inventif. L'esprit limité et bestial qu'il possédait ne pouvait pas s'attaquer aux problèmes supérieurs de l'existence. Les efforts unis et les places fortifiées dépassaient ses pensées. Ces vieilles haches de silex étaient pour lui de grands objets, et un pas au-delà d'elles était un grand pas en avant. On ne peut s'étonner qu'ils se soient peu développés, non seulement en raison de leur type bas, mais aussi du fait que l'on sait que même à l'ère de l'histoire, il existe des nations dont la civilisation est devenue figée et stéréotypée depuis des siècles ; d'autres, qui, au lieu d'avancer, ont rétrogradé.

L'impulsion donnée par les rigueurs des temps glaciaires a agi bénéfiquement tout au long de cette période. Les haches et les silex grossiers ont été conservés, mais des améliorations ont été apportées à l'utilisation des os et des cornes d'animaux. On en fabriquait des passe-passes, des hameçons et des pointes de flèches. Les dents des animaux sauvages étaient perforées et, avec les coraux et les coquillages, étaient utilisées pour des ornements. Les cavernes, servant d'habitations, étant dépourvues d'eau, ce nécessaire à la vie y était approvisionné et transporté dans des vases grossiers faits d'argile et séchés au soleil. Les flèches, les couteaux en silex et les haches servaient à tuer et à écorcher les animaux, à fendre les os contenant la moelle, à façonner les outils en os, à abattre les arbres et à dépouiller l'écorce, qui servait parfois à l'habillement, après avoir été ramollie par battement. Il commença l'art de la gravure, comme en témoigne une esquisse du grand ours des cavernes sculptée sur une curieuse pierre trouvée dans la grotte de Massat (Ariège), la tête d'oiseau formée d'un os d'ours des cavernes, à Aurignac, et d'autres exemples. Les mâchoires inférieures de l'ours des cavernes et du lion des cavernes, en forme de houes, utilisées pour creuser les racines, ont été retrouvées dans les grottes de Lherm et à Bouicheta . Il fit des pierres de foyer et dessus il cuisinait sa nourriture. Qu'il ait rendu hommage aux morts et les ait mis à l'abri des ravages des bêtes de proie, doit à l'heure actuelle rester une question ouverte. S'il l'a fait, cela pourrait impliquer qu'il avait une nature religieuse. Mais si l'on considère qu'il était très bas dans l'échelle de l'existence, on peut en déduire que cela a été fait, voire pas du tout, pour apaiser un mauvais génie. Ou bien il peut s'agir d'une vague idée d'un état fantôme et que ces festins ont été organisés pour dissuader le fantôme de l'agresser. Il serait trop absurde de croire qu'ils aient eu l'idée d'un souverain suprême, ou d'un certain nombre de dieux qui régnaient pour le bien de l'homme.

Le professeur Denton a donné une description des temps primitifs qui, avec un petit changement, représenterait les temps interglaciaires : « Les saisons sont assez établies ; et le printemps suit l'hiver, et l'automne l'été, comme maintenant ; bien que l'été soit plus long et plus chaud que Nous sommes habitués à voir dans ces pays à l'heure actuelle et les hivers plus froids. Le pays est couvert de forêts denses, à travers lesquelles se promènent en troupeaux de puissants éléphants, avec d'immenses défenses recourbées, des manteaux de poils longs et hirsutes et des crinières flottantes. ... Sortant de sa tanière rocheuse, grand comme un cheval, sort en traînant les pieds le grand ours des cavernes : féroce, hirsute, conscient de sa force, il ne craint aucun adversaire. Accroupi près d'une source bouillonnante se trouve le tigre des cavernes (*Felis spelæa*). " Et, comme le bétail sauvage descendait pour boire, il saute sur le dos de l'un d'eux, et un combat terrible s'ensuit. Il est aussi gros qu'un éléphant, et ses cornes sont d'une taille énorme ; et même les tigres des cavernes ne pouvaient pas toujours maîtriser du bétail comme eux.

"Est-ce que ce sont les formes de vie les plus élevées que contient le pays ? Quel être est-il assis sur cet arbre tombé ? Ses longs bras sont devant son corps poilu et ses mains entre ses genoux ; tandis que ses longues jambes pendent vers le bas. Son Le teint est plus foncé que celui d'un Indien ; sa barbe est courte et ressemble aux cheveux de son corps ; les cheveux négligés de sa tête sont touffus et épais ; ses sourcils sont courts et nets ; et avec son front incliné et son visage brutal, il ressemble au caricature d'un homme, plutôt que d'un être humain réel.

"Sous l'ombre d'un châtaignier étalé, nous pouvons voir un groupe - un vieil homme... et des femmes et des enfants, se prélassant et allongés sur le sol. Comme c'est sale ! Quels visages menaçants ! - plus comme des furies que des femmes. Un jeune homme, avec une hache de pierre, sépare l'écorce d'un arbre voisin. D'autres, agiles comme des singes, grimpent aux arbres et passent de branche en branche, en cueillant les fruits sauvages qui abondent de toutes parts. Certains pêchent des poissons dans l'arbre. bas-fonds de la rivière, et crient de triomphe alors qu'ils tiennent leurs captifs par les branchies et les traînent jusqu'au rivage. [63]

Ils ont amélioré leur langage, et au lieu des signes grossiers et des sons indiscernables du glacier, on peut maintenant entendre des phrases courtes mais occasionnelles, qui étaient les précurseurs des langues polies de l'Europe moderne.

CHAPITRE VIII.

ÉPOQUE DU RENNE.

Les glaciers, dans une certaine mesure, ont de nouveau progressé. Les animaux gigantesques des temps passés ont disparu ou sont en voie de disparition rapide. Le grand ours des cavernes, le lion des cavernes, l'hyène des cavernes, le mammouth et le rhinocéros aux cheveux laineux ont presque disparu. Ils ont cédé la place à une faune moins féroce et moins gigantesque. L'avancée des glaciers est annoncée par les nombreux troupeaux de rennes qui envahissent les forêts de l'Europe occidentale et s'étendent jusqu'aux Pyrénées au sud. Dans les forêts existaient désormais le cheval, le bison, le taureau sauvage (*Bos primigenius*), le bœuf musqué, l'élan, le cerf, le chamois, le bouquetin, le castor, le hamster-rat, le lemming et bien d'autres. Ces animaux étaient capables de résister et de s'épanouir dans un climat rigoureux. Lorsque les glaciers furent à nouveau brisés et que le climat se réchauffa, les rennes, les bœufs musqués, les wapitis, les chamois, les chèvres sauvages, les rats-hamsters et les lemmings se retirèrent vers les hautes latitudes septentrionales, à proximité immédiate de la neige, ou bien vers les hauts sommets des grandes chaînes de montagnes.

Les preuves de l'ancienneté de l'époque du renne, et du fait qu'elle a suivi immédiatement l'ère interglaciaire, sont nombreuses. Le grand nombre d'os et de cornes de rennes attestent d'une époque distincte, et par les restes d'animaux arctiques ainsi que les traces de glaciers, le climat devait être différent de celui d'aujourd'hui. Les restes du mammouth, de l'ours des cavernes et du lion des cavernes non seulement relieraient cette période à l'interglaciaire, mais prouveraient également que quelques retardataires ont continué à exister, au moins pendant une courte période, après la fin de l'époque du renne. commencé. Que cette époque soit antérieure aux villages lacustres suisses ou aux amas de coquillages danois, cela peut être démontré par les armes ou les instruments qui indiquent un peuple plus primitif, l'absence des restes du chien et, aussi, par l'absence de les restes des rennes dans les amas de coquillages.

Il n'existe aucun moyen, encore découvert, par lequel on puisse dire combien de temps a duré cette époque. Cela dura suffisamment de temps pour permettre au renne d'augmenter considérablement son espèce.

Preuves de l'existence de l'homme. —M. Christy et M. Lartet ont étudié conjointement les grottes du Centre et du Sud de la France. Ceux qui ont été le plus soigneusement examinés sont au nombre de dix et appartiennent au département de la Dordogne. En Périgord, il semble y avoir eu un peuplement assez important, à en juger par le nombre de grottes et de stations, les principales étant Les Eyzies , La Madeleine, Laugerie -Haute et Laugerie -Basse.

Aux Eyzies , on a trouvé un passe-fils en silex et une aiguille en os servant à la couture, une flèche barbelée en corne de renne et encore fixée dans un os, un sifflet en silex fabriqué à partir de la première articulation du pied de renne et deux plaques de bois de renne. schiste, sur lequel étaient gravées des formes animales, mais dépourvues de toute caractéristique particulière.

A la Madeleine, on trouva une géode très grande et très épaisse, qui, croit-on, servait de récipient de cuisine, car un côté avait été soumis au feu ; une gravure d'un renne sur la corne de cet animal ; sur une autre corne, les contours sculptés de deux poissons, un de chaque côté ; une représentation d'un bouquetin sur la paume d'une corne ; sur l'autre, un groupe très curieux, composé d'une anguille, d'une figure humaine et de deux têtes de chevaux. Une plaque d'ivoire, brisée en cinq morceaux, présentait une esquisse du mammouth (Fig. 13). Celui-ci était dessiné avec une telle précision que l'on pouvait facilement distinguer le petit œil, les défenses courbées, l'énorme trompe et la crinière abondante. On a également trouvé, sur une pointe de flèche, la figure d'un têtard.

Il y avait des ateliers à Laugerie -Haute et Laugerie -Basse, où l'on fabriquait des armes et des ustensiles ; et ils se distinguent par l'abondance d'instruments en corne de renne. Parmi les œuvres d'art trouvées à cette dernière station, on peut citer le stylet, l'aiguille, la cuillère en forme de tiges effilées à une extrémité et creuses au milieu, le bâton d'autorité, le sifflet et le harpon, le tout provenant de la corne. du renne. Sur la tête d'un bâton d'autorité est gravée une tête de mammouth ; il y a une représentation de l'arrière-train de quelque animal herbivore, esquissée avec une touche hardie et pratiquée ; une tête d'animal, aux oreilles décontractées et d'une longueur considérable, est sculptée sur un fût rond de corne de renne. On ne peut déterminer à quoi était destiné ce manche, mais comme l'autre extrémité était pointue et munie d'un crochet latéral, il se peut qu'il s'agisse du harpon de quelque chef. Sur une plaque d'ardoise était dessiné, en grandes lignes, un combat de rennes. Sur un fragment de fer de lance figure une série de mains humaines, munies de quatre doigts seulement, et représentées en demi-relief. Les délimitations des poissons se font principalement sur des baguettes d'autorité, sur l'une desquelles se succèdent des séries.

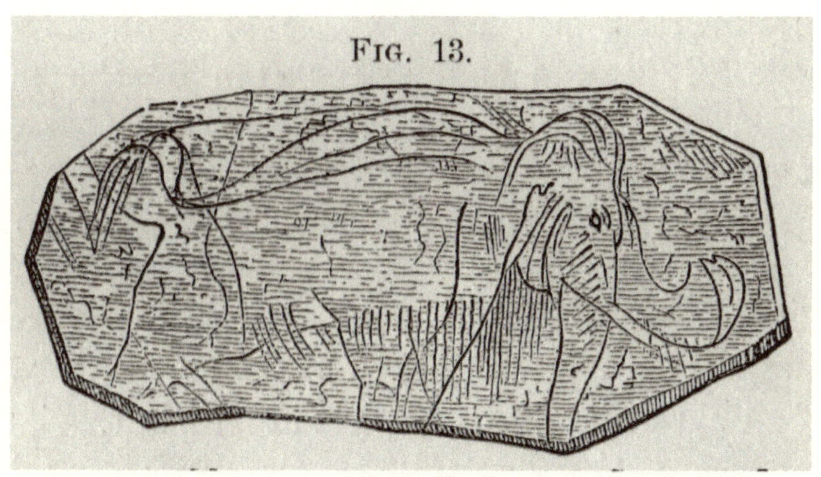

FIG. 13.

CROQUIS D'UN MAMMOUTH, GRAVÉ SUR UNE DALLE D'IVOIRE DE LA MADELEINE.

Les grottes et *abris sous roche* de Bruniquel (Tarn-et-Garonne) ont été soigneusement examinés par des explorateurs compétents. Ces reliques sont si nombreuses que M. de Lastic , propriétaire de la caverne, vendit à l'agent du British Museum quinze cents spécimens de toute espèce, qui avaient été trouvés sur sa propriété. Dans la grotte ont été trouvés, gravés sur un os, une tête de cheval et une tête de renne parfaitement reconnaissables, ainsi que des poignards en ivoire et en os, sur lesquels étaient des représentations des animaux mentionnés ci-dessus. Les gravures sont majoritairement sur la corne du renne. La grotte a également fourni deux crânes humains presque parfaits et deux os de demi-mâchoire qui ressemblent au Moulin- Quignon .

Les *abris sous roche* sont des rochers en surplomb, sous les saillies desquels l'homme trouvait un abri et construisait ses grossières habitations de branches et de branchages. Dans ces abris ont été retrouvés des foyers à feu, des hameçons faits d'éclats d'os, des scies en silex, un croquis complet du mammouth gravé sur une corne de renne, la poignée d'un poignard sculpté en forme de renne, la grotte -lion, gravé avec une grande netteté, sur un fragment de bâton d'autorité, et deux poignards en ivoire.

Dans les fouilles qui ont été faites dans les abris sous roche, on a trouvé une quantité d'ossements humains, dont deux crânes, l'un d'un vieillard, l'autre celui d'un adulte.

La grotte de Gourdan (Haute-Garonne) renfermait la plus grande collection d'outils en os et en corne jamais découverte. Les pierres et les cornes de renne sont sculptées avec le plus grand soin et témoignent d'un haut degré de goût artistique. On y trouve des croquis réalisés du renne, du cerf, du chamois, de la chèvre, du bison, du cheval, du loup , du sanglier, du singe, du blaireau, de l'antilope, des poissons et des oiseaux, ainsi que des représentations de certaines plantes. C'est dans la couche la plus basse du sol que se produisent les œuvres les plus parfaites, et elles croissent moins à mesure qu'on s'approche de la surface. Plusieurs de ces instruments appelés « bâtons de commandement » existaient, ornés de têtes d'animaux. Sur la côte d'un cheval était sculptée une antilope et sur l'os d'un oiseau diverses figures : des plantes, un renne et un poisson. Cette grotte a fait l'objet d'un rapport de M. Piette devant la Société Anthropologique de Paris.

FIG. 14.
L'HOMME FOSSILE DE MENTON.

L'homme fossile de Mentone, découvert depuis quelques temps dans une grotte de Mentone, village proche de Nice, a suscité de nombreux commentaires parmi les scientifiques. Le squelette a été découvert dans une terre intacte ; à une profondeur de vingt et un pieds. La cause de la discussion est que le squelette est accompagné d'une multiplicité d'outils en os, d'aiguilles, de ciseaux, d'un bâton de commandement, d'un collier, de diverses espèces de cerfs, indiquant l'époque du renne, mais entouré aussi des restes du l'ours des cavernes, l'hyène des cavernes et le rhinocéros aux cheveux laineux. Le Dr Garrigou arrive à la conclusion que cette grotte fut d'abord habitée par des hommes de l'époque précédente, ou interglaciaire, et qu'à l'époque des rennes elle servait de lieu de sépulture. [64] L'attitude du squelette était celle du repos (voir Fig. 14). Il était taché par l'oxyde de fer. Les tibias , ou tibias, présentent une particularité notable en étant plus aplatis que chez l'Européen d'aujourd'hui.

Dans le même quartier, on a découvert plus récemment, dans différentes grottes, quatre autres squelettes humains. Ils étaient tous tachés d'oxyde de fer, et deux d'entre eux étaient entourés de coquillages percés, de dents de cerf, constituant des restes de colliers et de bracelets. Avec un squelette, qui appartenait à un individu de grande taille, ont été découverts des instruments en pierre et en os, des dents d'ours des cavernes, des os d'autres animaux et des coquilles de mollusques marins comestibles. Les deux autres squelettes étaient ceux d'enfants et n'étaient accompagnés ni d'instruments ni d'ornements.

Les autres grottes osseuses de France, qui ont fourni des renseignements très précieux, et appartenant à cette époque, sont : La Gorge d'Enfer , Liveyre , Pey de l'Aze , Combe-Granal , Le Moustier et Badegoule (Dordogne), grotte de Bize (Aude), grotte de La Vache (Ariége), grotte de Savigné (Vienne), grottes de La Balme et Bethenas , en Dauphiné , le village de Solutré , la grotte de Lourdes (Hautes- Pyrénées), et la grotte d' Espalungue (Basses-Pyrénées) – les deux derniers remontent à la période la plus ancienne de l'époque du renne.

Les principaux objets trouvés dans ces grottes et les abris sous roche sont des éclats travaillés, des grattoirs, des noyaux, des poinçons, des pointes de lance, des tailleurs, des marteaux et des pierres à mortier. Ces ouvrages, bien que bruts, sont à peine plus grossiers que ceux des Esquimaux ou des Indiens de l'Amérique du Nord.

belges . — Sous les auspices du gouvernement belge, M. Édouard Dupont a examiné plus de vingt grottes au bord de la Lesse , dans la province de Namur. Parmi ceux-ci, il y en avait quatre, dans lesquels figuraient de nombreuses traces de l'homme-renne, à savoir le Trou du Frontal, le Trou Rosette, le Trou des Nutons et le Trou de Chaleux .

La caverne du Trou de Frontal était un lieu de sépulture, semblable à la grotte d'Aurignac. L'entrée de la grotte était fermée par une dalle de grès, et à l'intérieur se trouvaient les restes de quatorze êtres humains appartenant à des personnes d'âges divers, et certains d'entre eux à des enfants d'à peine un an. Devant la grotte se trouvait une esplanade où se célébraient les fêtes funéraires, et qui était marquée par des foyers, des traces de feu, des couteaux à silex, des os d'animaux, des coquillages, etc. Les ossements humains étaient mêlés à un nombre considérable d'ossements. des os de rennes et d'autres animaux, ainsi que les différents types d'outils. Parmi les restes se trouvaient deux crânes humains parfaits, en bon état de conservation. Les ossements ont été découverts dans un état de grande confusion, que M. Dupont croit avoir été causé par le trouble de l'eau. Sir John Lubbock considère la perturbation des os comme due aux renards et aux blaireaux. [65]

Immédiatement au-dessus de cette grotte se trouve le Trou Rosette, dans lequel ont été trouvés les ossements de trois personnes, mêlés à ceux du renne et du castor. Il contenait également des fragments d'une sorte de poterie noirâtre, creusés dans des rainures grossières et durcis par le feu. Dupont est d'avis que les trois hommes furent écrasés à mort par des éboulis lors de l'inondation de la vallée de la Lesse .

Dans le trou des Nutons , situé à cent soixante-quatre pieds au-dessus de la Lesse , on a trouvé un grand nombre d'ossements de renne, de taureau sauvage et de plusieurs autres espèces. Dans la grotte, mêlés indistinctement à ces ossements, se trouvaient cent cinquante cornes de renne travaillées, des ossements de chèvre polis des deux côtés, un sifflet fait avec un tibia de chèvre, des fragments de poterie très grossière et du feu. -foyers.

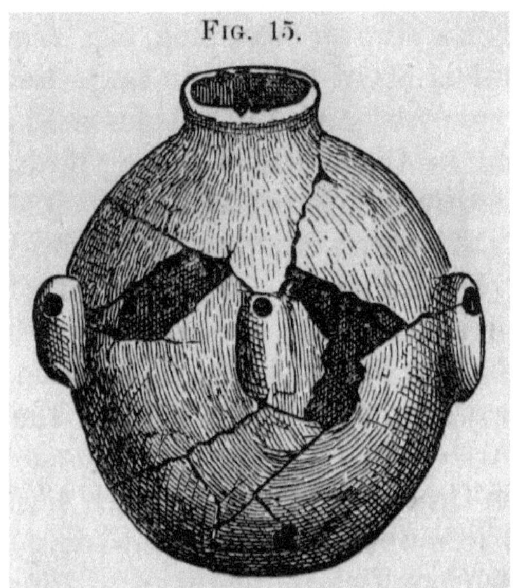

FIG. 15.
**VASE EN TERRE, TROUVÉ DANS LA GROTTE DE FURFOOZ ,
BELGIQUE.**

La grotte de Chaleux a été ensevelie par un amas de décombres provoqué par l'effondrement de la toiture, préservant ainsi tous ses outils. On y a trouvé des os fendus de mammifères et des os d'oiseaux et de poissons. Il existait un nombre immense d'objets, fabriqués principalement à partir de corne de renne, tels que des aiguilles, des pointes de flèches, des poignards et des crochets. A cela s'ajoutaient des ornements faits de coquillages, des morceaux d'ardoise à figures gravées, des lignes mathématiques, des restes de poteries très grossières, des pierres de foyer, des cendres, du charbon de bois, et enfin trente mille silex travaillés mêlés aux os brisés. Dans le foyer, placé au centre de la grotte, on découvrit une pierre sur laquelle étaient gravés certains signes, mais inintelligibles. M. Dupont a également trouvé une vingtaine de livres d'os de rat d'eau, soit roussis, soit rôtis.

Dans une grotte à Furfooz , Dupont a trouvé une urne, ou un spécimen de poterie brute (Fig. 15) mêlée à des ossements humains. Elle était en partie cassée ; par les soins de M. Hauzeur , elle a été reconstituée.

La France et la Belgique ne sont pas les seules à avoir des monuments de l'époque du renne, car des établissements de cette époque ont été découverts en Allemagne, en Suisse et en Pologne.

Dans la grotte de Thayngen , près de Schaffhouse, en Suisse, ont été découverts quelques restes de mammouth, de rhinocéros et de lion des cavernes ; les restes de deux cent cinquante rennes, quatre cent trente lièvres alpins ; aussi les restes de l'ours brun, du cerf, de l'élan, de l'auroch , du glouton, du loup et de plusieurs espèces de renards. Les gros os apparaissaient invariablement en fragments, et les cailloux utilisés pour les briser étaient retrouvés dans les détritus. Parmi les oiseaux, les os de cygne, de tétras et de canard prédominent. Les outils consistaient principalement en aiguilles, perceurs et pointes de flèches faites de bois de renne. L'art de la gravure et de la sculpture était porté à un certain degré de perfection. Le plus remarquable de ces objets est la délimitation d'un renne en train de brouter, dessinée sur un morceau de corne de cet animal.

Non loin de Cracovie (Pologne), une caverne a été récemment découverte et examinée par le comte Zawisza. Dans la partie supérieure du sol (quatre pieds de profondeur), constituée de terre végétale, de moisissure et *de débris* , se trouvaient des cendres, des instruments en silex et des os fendus d'ours des cavernes, de rennes, de chevaux, d'élans et d'autres animaux. Sous cette couche apparaissaient les os brisés du mammouth, un ornement d'ivoire et les dents perforées de l'ours des cavernes, du cerf, de l'élan, du loup et du renard. Deux mille instruments en silex furent obtenus ; et en raison de la présence fréquente de silex, la grotte était utilisée par les troglodytes, ou hommes des cavernes, comme habitation ; et par les restes de la faune, il a dû être occupé pendant l'époque interglaciaire et au début de l'époque du renne.

CHAPITRE IX.

L'HOMME DE L'ÉPOQUE DU RENNE.

L'époque du Renne, plus proche de l'époque actuelle que celles déjà énumérées, présente l'homme sous un aspect plus favorable et permet une meilleure vue de ses traits de caractère et de sa manière de vivre. Non seulement le climat rigoureux le pousse à l'action, mais un type supérieur supplante les sauvages originels. Le brachycéphale, ou à tête ronde, a pénétré dans les recoins de ce pays sauvage et a apporté avec lui l'art de fabriquer des outils plus parfaits. Ce nouveau type était de petite taille, avec de petites mains et de petits pieds. Si l'Asie est la patrie de l'homme, c'est de ce pays avancé en civilisation qu'est venue l'avant-garde destinée à supplanter ses prédécesseurs, à apprivoiser les bêtes sauvages et à conquérir les forêts. Des représentants de ce type se trouvent chez les Lapons et les Finnois. Entre les deux races existantes – dolichocéphale et brachycéphale – il peut y avoir eu une lutte longue et amère. Le premier était grand, gros, intrépide et cruel ; ce dernier, petit, robuste et plus intelligent. C'était un conflit entre la force brute et l'intelligence. Les armes les plus perfectionnées devaient affronter avec effroi les haches et les flèches grossières des dolichocéphales. Il ne pouvait s'agir d'une guerre d'extermination, car finalement un mélange s'est produit, produisant un médium, comme on peut en juger par les crânes exhumés.

Habitations. — Comme autrefois, l'homme a continué à habiter, pour la plupart, dans des grottes. Si la grotte était petite, il en occupait chaque portion ; mais si elle est grande, seule la partie proche de l'ouverture a été utilisée. Au centre de cette demeure , il fit un foyer avec des pierres enfoncées dans le sol, et, avec le feu placé dessus, il cuisinait ses repas et se réchauffait le corps. Ce mode de vie ne le satisfaisait pas toujours, car il s'aventura dehors, et sous la saillie d'un rocher en surplomb, il lui construisit une cabane, ou une cabane grossière, avec des branches et des poteaux de bois tombés. Ces habitations, soit dans des grottes, soit sous les rochers, se trouvaient à proximité de quelque ruisseau.

Vêtements. — Le climat étant froid, il cessa probablement d'utiliser l'écorce interne des arbres et ne dépendait plus que des peaux d'animaux. Les peaux étaient préparées par les grattoirs en silex, puis assouplies en y frottant la cervelle et la moelle extraites des crânes et des os longs des rennes. Ces vêtements ont peut-être été façonnés de manière artistique, car ils connaissaient l'art de la couture. Avec le passe-fil, ils perçaient la peau, et avec l'aiguille, ils maintenaient bout à bout et côte à côte, et la même chose était rendue permanente par le tendon d'un animal.

Nourriture. — Ces gens étaient essentiellement des chasseurs et vivaient principalement de rennes, qu'ils attaquaient avec leurs lances et leurs flèches. Le cheval, l'élan, le bœuf, le bouquetin et le chamois constituaient une partie considérable de leur alimentation. La viande était cuite sur des foyers bruts, et le crâne et les os longs étaient ouverts pour en extraire la cervelle et la moelle, ce qui formait un plat délicieux. A cela, ils ajoutèrent également des poissons et, occasionnellement, certains oiseaux, comme le coq, le cygne et la chouette. La chasse ne leur procurait pas toujours suffisamment de nourriture et ils étaient parfois obligés de subsister grâce au rat d'eau.

Il existe suffisamment de preuves pour démontrer que ces personnes étaient des cannibales. Des articulations de doigts humains ont été découvertes parmi des restes de cuisine à Solutré dans le Mâconnais . M. Issel trouva, en un point de la route de Gênes à Nice, des ossements humains calcinés, de couleur blanchâtre, légers et friables. Les incrustations à leur surface contenaient encore de petits fragments de carbone, et certaines d'entre elles présentaient des entailles faites par quelque instrument pointu. Dans une des grottes de l'Italie du Nord, M. Costa de Beauregard trouva le petit tibia d'un enfant, soigneusement vidé et nettoyé. Le professeur Owen pense reconnaître la trace de dents humaines sur certains crânes humains et os d'enfants trouvés en Écosse, mélangés en désordre avec des silex sculptés et des restes de poterie.

Les arts. — L'homme n'avait pas encore découvert la valeur du métal, mais il fabriquait ses instruments avec du silex, des os et de la corne de renne. La hachette était peu utilisée, et les armes principales étaient le couteau en silex, les pointes de flèches et parfois la mâchoire inférieure de l'ours des cavernes, avec sa canine pointue. Les articles d'usage domestique étaient de la poterie brute, des couteaux, des grattoirs, des scies, des passe-passes, des aiguilles et d'autres instruments de travail. Il avait des objets pour orner sa personne et plaire à son imagination, comme des coquillages pour perles, et le sifflet pour ravir son oreille. L'art de la gravure était très pratiqué , et il exécutait si admirablement ses dessins qu'après des milliers d'années, les figures sont facilement reconnaissables.

Le personnel d'autorité laisserait entendre que certaines personnes étaient reconnues comme chefs ou dirigeants. Un certain système aurait dû prévaloir, car sans lui, les manufactures de Laugeriè -Basse et de Laugerie -Haute n'auraient pas pu fonctionner. Dans le premier de ces ateliers, les fabrications étaient presque entièrement constituées de pointes de lance, et dans le second, la corne de renne était utilisée pour les armes et les instruments.

Trafic. — Le commerce était commencé. Les habitants de la Belgique cherchaient leurs silex dans cette partie de la France qu'on appelle aujourd'hui

Champagne. De la même localité, ils rapportèrent également des coquilles fossiles, qui étaient enfilées ensemble et utilisées pour fabriquer des colliers. Cela ne fait aucun doute, puisque déjà cinquante-quatre de ces coquilles ont été trouvées à Chaleux , et qu'on ne les trouve naturellement nulle part ailleurs qu'en Champagne.

Enterrement. — Comme à l'époque précédente, les morts étaient consignés dans les mêmes sortes de grottes que celles utilisées pour les habitations, et la mise au tombeau était célébrée par la fête funéraire. Ces banquets ne présentent aucune preuve de culte. Certains ont cru voir non seulement des signes de culte dans les banquets, mais aussi dans certaines sculptures. Aucune idole n'a été trouvée. Qu'ils n'aient aucune notion d'un État futur n'est pas surprenant, car Sir J. Lubbock a montré qu'il existe aujourd'hui des tribus qui n'ont pas cette croyance. [66]

M. Edouard Dupont, dans son rapport au ministre belge de l'Intérieur, sur les fouilles faites dans les grottes, a donné avec concision mais éloquence un résumé de l'homme de l'époque du renne, dans les termes suivants :

« Les données obtenues des fossiles de Chaleux , ainsi que celles qui ont été rencontrées dans les grottes de Furfooz , nous présentent un tableau saisissant des âges primitifs de l'humanité en Belgique. Ces anciennes tribus et toutes leurs coutumes, après avoir enterrées dans l'oubli depuis des milliers et des milliers d'années, sont à nouveau présentées avec éclat sous nos yeux ; et... l'Antiquité revit dans les reliques de son existence antérieure.

« On pourrait presque imaginer les voir dans leurs retraites sombres et souterraines, accroupis autour de leur foyer, taillant adroitement et patiemment leurs instruments en silex et façonnant leurs outils en corne de renne, au milieu de toutes les émanations pestilentielles provenant de l'atmosphère. divers restes d'animaux que leur insouciance a laissé rester dans leurs habitations. Les peaux de bêtes sauvages sont dépouillées de leurs poils et, à l'aide d'aiguilles de silex, sont transformées en vêtements. Dans notre esprit, nous pouvons les voir engagés dans la et ils chassent les animaux sauvages, leurs seules armes étant des dards et des lances, dont les pointes mortelles ne sont formées que d'un éclat de silex. Encore une fois, nous assistons à leurs fêtes, au cours desquelles, pendant la période où leur chasse a été Heureusement, un cheval, un ours ou un renne deviennent le substitut le plus noble à la chair avariée du rat, leur seule ressource en temps de famine.

« Aujourd'hui, on les voit trafiquer avec les tribus habitant la région qu'on appelle aujourd'hui la France, et se procurer les coquillages de jais et de fossiles dont ils aiment à se parer, et le silex qui est pour eux une matière si précieuse. D'un côté, ils cueillent. de l'autre, ils creusent les grandes plaques de grès qui serviront d'âtres autour de leur feu.

"Mais, hélas ! des jours peu propices arrivent." Le toit de leur grotte principale s'effondre, ensevelissant leurs armes et leurs ustensiles, et les forçant « à fuir et à s'installer ailleurs. Les ravages de la mort s'abattent sur eux... Ils transportent le cadavre dans son sépulcre caverneux . ; quelques armes, une amulette, et peut-être une urne, forment l'ensemble du mobilier funéraire. Une dalle de pierre empêche l'intrusion des bêtes sauvages. Alors commence le banquet funéraire, célébré près de la demeure des morts ; un feu est allumé , de grands animaux sont découpés, et des portions de leur chair fumante sont distribuées à chacun. Comme c'est étrange les cérémonies qui ont dû avoir lieu alors ! des cérémonies comme celles que nous racontaient les sauvages des solitudes indiennes et africaines. L'imagination peut facilement représenter les chants. , les danses et les invocations, mais la science est impuissante à les donner vie....

"Mais la fin de cet âge primitif est enfin arrivée. Des torrents d'eau déferlent sur le pays. Ses habitants, chassés de leurs demeures, se réfugient en vain sur les hautes cimes des montagnes. La mort les rattrape enfin, et une sombre caverne est le tombeau des misérables qui, à Furfooz , furent témoins de cette immense catastrophe. [67]

CHAPITRE X.

ÉPOQUE NÉOLITHIQUE.

Le Néolithique, ou époque des animaux apprivoisés, est caractérisé par des outils en pierre polis ou rendus lisses par un processus de meulage et de taille, par le plus grand développement atteint dans l'art de la poterie et par la présence des os des animaux domestiques. Cette époque, dans laquelle aucun reste de renne n'existe, suit immédiatement l'époque du renne, et c'est à elle que se rapportent en général toutes les découvertes faites dans ce qu'on appelle le sol *alluvial*, les vestiges les plus anciens des soi-disant Celtes, les tas de coquillages du Danemark, les tumulus ou tumulus, les dolmens, les anciens bâtiments sur pilotis suisses, les habitations lacustres irlandaises et certaines des grottes de France .

Cavernes. — Les grottes appartenant à cette époque et explorées par MM. Garrigou et Filhol , sont ceux des Pyrénées et les grottes de Pradiérs , Bedeilhac , Labart , Niaux , Ussat , et Fontanel. Certaines de ces cavernes ont été utilisées à des époques antérieures, comme le montrent les restes de mammifères disparus. La croûte supérieure des sols des grottes appartient à cette période et on y trouve des os de bœuf, de cerf, de mouton, de chèvre, d'antilope, de chamois, de sanglier, de loup, de chien, de renard, de blaireau, de lièvre et de cheval. , mêlés aux restes de foyers, ainsi qu'aux perceurs, pointes de lance et pointes de flèches, en os ; des hachettes, des couteaux, des grattoirs en silex et diverses autres substances, telles que du schiste siliceux, du quartzite, de la leptinite et de la pierre serpentine. Ces outils étaient soigneusement travaillés et pour la plupart polis.

La grotte de Saint Jean d'Alcas (Aveyron), explorée à différentes époques par M. Cazalis de Fondace , servait de lieu de sépulture. Il a été examiné pour la première fois il y a environ vingt-cinq ans, et à cette époque cinq crânes humains, en bon état de conservation, ont été trouvés, mais ont été perdus, leur importance n'étant pas connue alors. Mêlés à ces os se trouvaient des instruments en silex, en jade et en serpentine, des os sculptés, des restes de poterie brute, des amulettes en pierre et des coquilles de coquillages, mais aucun reste de banquets funéraires. À l'entrée de la grotte se trouvaient deux grandes dalles superposées. Les découvertes les plus récentes dans la grotte ont fourni des substances métalliques qui la placeraient, comme habitation, au dernier néolithique.

Kjökken-Möddings danois , ou Shell-Mounds, ou tas d' ordures de cuisine. — Les dépotoirs du Danemark ont été soigneusement examinés par les professeurs Steenstrup , naturaliste, Forchammer , géologue, et Worsaae , archéologue , mandatés par le gouvernement danois, leurs rapports étant présentés à l'Académie des sciences de Copenhague.

On les trouve principalement sur la côte nord du Danemark et sont constitués de coquilles de mollusques comestibles, comme l'huître, la coque, la moule et la pervenche. Ces dépôts ont de trois à dix pieds d'épaisseur, de cent à deux cent cinquante pieds de largeur, et quelquefois jusqu'à mille pieds de longueur. On y trouve des armes et autres instruments de pierre, de corne et d'os ; des fragments de poterie brute, des coins de pierre, des couteaux, etc., en grande abondance, accompagnés de charbon de bois et de cendres ; aucune trace de monnaie, de bronze ou de fer, ni d'animaux domestiques, sauf le chien. Les ossements d'animaux sont très nombreux, mais aucun ossement humain n'a jamais été découvert. Le professeur Steenstrup estime que quatre-vingt-dix-sept pour cent. des os appartiennent au cerf, au chevreuil et au sanglier. Les autres restes sont ceux de l'urus (*Bos primigenius*), du chien, du renard, du loup, de la martre, du chat sauvage, du hérisson, de l'ours (*Ursus arctos*), de la souris, ainsi que des os d'oiseaux et de poissons. L' auroch , le bœuf musqué, le bœuf domestique, le wapiti, le lièvre, le mouton et le porc domestique sont absents.

Les mollusques de ces amas coquilliers sont d'une taille que les représentants de la même espèce vivant actuellement dans la Baltique n'obtiennent jamais. Leur taille ne dépasse pas la moitié, voire le tiers. A l'époque de la formation de ces monticules, la Baltique était une véritable mer, ou un bras d'océan, et ces mollusques y étaient prélevés. Or la Baltique n'a pas le caractère d'une véritable mer, mais elle est simplement saumâtre, et l'huître n'y est présente qu'à son entrée dans l'océan.

Ces dépôts ont été découverts à plusieurs kilomètres à l'intérieur des terres, ce qui indiquerait que la mer recouvrait autrefois l'espace intermédiaire. Sur la côte occidentale, on n'en a pas trouvé, car ils ont peut-être été emportés par les empiètements de la mer. On les trouve également sur les îles adjacentes.

Ces monticules ne sont pas particuliers au Danemark ; car on les trouve en Angleterre, en Écosse, en France et en Amérique.

Tourbières danoises . — Les tourbières du Danemark, si fidèlement étudiées par le professeur Steenstrup , marquent trois périodes de dépôt. Le plus ancien s'appelle le *Scotch-Fir* ; le second, immédiatement au-dessus, le *Chêne* , et le plus haut, le *Hêtre* . La tourbe a de dix à quarante pieds d'épaisseur, et pour former une couche de dix à vingt pieds d'épaisseur, il faudrait, selon Steenstrup , *au moins* quatre mille ans, et peut-être même de trois à quatre fois cette période. [68] Ces trois époques désignent trois périodes de temps. Le plus bas appartient au néolithique, le milieu à l'époque du bronze et le dernier à l'époque du fer. Dans la période la plus basse, ou période *du Sapin* , ont été trouvés des silex et des os travaillés. Des ossements humains ont été retrouvés, qui correspondent aux ossements prélevés dans les tumuli de cette époque.

Les habitations lacustres de Suisse. — Le Dr Ferdinand Keller et ses collaborateurs ont fait connaître au monde les merveilleux vestiges de villages situés dans les lacs de Suisse et d'autres pays. Les villages de Suisse n'appartiennent pas tous à la même époque et représentent les époques du néolithique, du bronze et du fer ; mais il n'y avait pas de ligne de démarcation dure entre ces trois périodes. Ces habitations sont si nombreuses qu'on en a découvert plus de deux cents en Suisse seulement. Parmi les lacs fournissant ces vestiges, on compte le lac de Neuchâtel (quarante-six agglomérations) ; Lac de Constance (trente-deux localités) ; Lac Léman (vingt-quatre colonies) ; Lac de Bienne (vingt et un établissements) ; Lac de Morat (seize colonies) ; Lac de Zurich (trois agglomérations); Lac de Pfæffikon (six colonies) ; Lac de Sempach (six agglomérations) ; Lac de Moosseedorf (deux agglomérations) ; Lac d' Inkwyl (une colonie) ; Lac de Nussbaumen (une colonie) ; Lac Greiffensee (une colonie); Lac de Zoug (six localités) ; Lac de Baldegg (cinq colonies) et autres.

Les habitations appartenant au néolithique sont trente lacs de Constance, douze agglomérations de Neuchâtel, deux agglomérations de Genève ; un chacun à Morat , Bienne, Zurick , Pfæffikon , Inkwyl , Moosseedorf , Nussbaumen , le village de Concise, le pont Thiéle , la tourbière de Wauwyl et autres.

Ces habitations étaient construites près du rivage, sur des tas de bois de diverses essences, aiguisés par des outils et par le feu, et enfoncés dans la boue au fond peu profond du lac. Dans certaines colonies, les pieux étaient fixés en entassant des pierres tout autour. Les piles étaient parfois placées ensemble, parfois espacées. Les têtes furent mises à niveau, puis les poutres de la plate-forme y furent fixées. Cette base servit à la fondation des huttes rectangulaires grossières qu'ils érigèrent. Ces tas ne sont plus visibles au-dessus de l'eau, mais ils sont visibles au-dessus du fond du lac. Le nombre de pieux dans certaines de ces colonies s'élève à cent mille mètres carrés et la superficie occupée n'est pas inférieure à soixante-dix mille mètres carrés. On a estimé que la population des villages lacustres au néolithique dépassait les trente mille habitants.

Le but de ces habitations était de protéger les habitants des animaux sauvages, des attaques des ennemis et de se procurer facilement de la nourriture par la pêche. Ils n'étaient pas seulement occupés par les habitants, mais aussi par leurs troupeaux et les réserves de fourrage. [69]

Robenhausen . — Il n'est pas nécessaire de décrire un certain nombre de ces établissements pour représenter l'époque néolithique, car l'établissement de

Robenhausen (lac Pfæffikon) occupe le premier rang en ce qui concerne l'organisation domestique des anciens habitants. Cette colonie couvrait un espace de près de trois acres et cent mille pieux étaient utilisés dans toute la structure. Sa forme était un quadrilatère irrégulier. Il se trouvait à environ deux mille pas de l'ancienne rive ouest du lac, et à environ trois mille pas de la rive dans la direction opposée. Avec ce dernier côté, il y avait une communication au moyen d'un pont dont les pilotis sont encore visibles. De ce côté se trouvaient les jardins et les pâturages. Les habitants de cette colonie ont été malheureux, car leur habitation a été incendiée à deux reprises et à chaque fois, ils se sont ralliés et ont reconstruit leurs huttes. Ils sont restés longtemps, comme le laisse penser la profondeur de la tourbe et la grande quantité de reliques trouvées.

À une profondeur de onze pieds ont été trouvées les reliques les plus anciennes ou les plus anciennes ; à dix pieds et demi, les restes de la première conflagration : charbon de bois, outils en pierre et en os, poterie, tissus, maïs, pommes, etc. ; à sept pieds et demi, du parquet, des reliques du deuxième établissement et des excréments de vaches, de moutons et de chèvres ; à six pieds et demi, restes de la seconde conflagration : charbon de bois, outils en pierre et en os, poterie, tissus, maïs, pommes, etc. ; à trois pieds et demi, des pierres brisées, des sols et des reliques du troisième établissement ; à deux pieds et demi, des celtes en pierre, des poteries, mais aucune trace de feu. Au-dessus, il y avait deux pieds de tourbe et un demi-pied de moisissure .

Sans entrer dans les détails, les objets retrouvés dans ces différents lits sont les suivants : Fabriqués en bois, sont des couteaux, des louches, des assiettes, des massues en frêne, dans lesquelles est fixée une douille en corne de cerf renfermant un celte en pierre, un bateau en bois de frêne, un seul tronc de douze pieds de long, deux pieds et demi de large et cinq pouces de profondeur, des fléaux pour battre le grain, des arcs crantés aux deux extrémités, des instruments de pêche, des flotteurs pour soutenir les filets, des crochets de suspension, des cuves, des ciseaux, des sandales, des jougs faits pour porter les navires et un ornement particulier. Ces outils étaient tous fabriqués à partir d'if, d'érable, de frêne, de sapin et de racine de noisetier. En corne de cerf : pointes de flèches, poignards, outils de perçage et de grattage, instruments pour le tricot et pour l'agriculture. Les outils en pierre étaient polis et de forme habituelle. Les objets en argile étaient des fragments de poterie, en forme d'urnes, d'assiettes et de coupes, en grande abondance. On a également trouvé des cuillères et un cône perforé, censés avoir servi de poids pour le métier à tisser. Plusieurs creusets ou creusets ont été découverts, utilisés pour faire fondre le cuivre. Le troisième bâtiment de ce village se trouvait à la frontière entre l'âge de la pierre et celui du bronze.

Les restes d'animaux trouvés ici et à Moosseedorf et Wauwyl , tous du néolithique, appartiennent à l'ours brun, au blaireau, à la martre, à la martre des pins, au putois, au loup, au renard, au chat sauvage, au castor, au wapiti, à l'urus, au bison, au cerf. , chevreuils, sangliers, sangliers des marais ; les animaux domestiques étaient le sanglier, le cheval, le bœuf, la chèvre, le mouton et le chien. Les restes du porc domestique sont absents de tous les ouvrages sur pilotis de cette période, hormis celui de Wauwyl .

Parmi les céréales (Robenhausen) on trouvait plusieurs variétés de blé et d'orge ; fruits et baies : émaux, églantier, sureau, myrtille et arbre voyageur ; les noix : noisetier, hêtre et châtaigne d'eau ; les plantes oléagineuses : l'opium, ou pavot de jardin, et le cornouiller ; les plantes fibreuses : le lin ; plantes utilisées pour mourir-soudure; arbres et arbustes forestiers : sapin argenté, genévrier, if, frêne et chêne ; plantes aquatiques et des marais : scirpus de lac , potamots, cornée commune , gaillet des marais, haricot noir, nénuphar jaune, corneille à feuilles de lierre et ombelle des marais.

En plus de ceux-ci, on a trouvé de nombreux spécimens de tissus tressés et tissés ; aussi des cordes, des cordons et une portion de gâteau aux graines de lin. [70]

Dans les différentes colonies, les mêmes haches et couteaux abondent et sont de petite taille. Les pointes de flèches et les scies sont un progrès par rapport à celles de l'époque précédente. Parmi les outils domestiques, les fusains en faïence grossière étaient abondants dans certains villages, et on rencontre parfois des broyeurs de maïs de deux à trois pouces de diamètre. Environ cinq cents instruments en pierre ont été trouvés à Wauwyl , constitués de haches, de petites pointes de flèches en silex, d'éclats de silex, de broyeurs de maïs, de pierres grossières utilisées comme marteaux, de pierres à aiguiser et de pierres de fronde.

Comme ces habitations lacustres appartiennent non seulement à la fin du néolithique, mais s'étendent au-delà, elles ont naturellement leur place à la fin de cette période. M. Troyon dit que les habitations de cette époque prirent fin subitement « par l'irruption d'un peuple muni d'instruments de bronze. Les habitations lacustres furent incendiées par ces nouveaux venus, et les habitants primitifs furent massacrés ou refoulés dans des lieux éloignés. " Cette catastrophe touche principalement les établissements de la Suisse orientale, qui ont entièrement disparu, ainsi qu'un certain nombre de ceux situés sur les rives des lacs occidentaux. Toutefois, quelques rares établissements, notamment ceux de la période dite de transition, ne semblent pas avoir survécu. ont été détruits par le nouveau peuple jusqu'à ce que les habitants aient commencé à utiliser des outils en bronze. [71]

Le Dr Keller s'oppose à ces opinions. Il dit qu'il n'y a pas de saut soudain d'une classe de civilisation à une autre et que les métaux sont devenus progressivement utilisés. Les habitations lacustres n'ont pas été incendiées par l'irruption d'un peuple étranger ; car à Niederwyl et dans plusieurs agglomérations de l' Unter -See, aucune trace d'incendie n'a été observée. Le fait que très peu de squelettes humains aient été trouvés dans l'ensemble des colonies contredit la supposition d'une bataille ayant eu lieu entre les aborigènes et les prétendus conquérants, et de la destruction des premiers par les seconds. [72]

Des habitations lacustres appartenant à cet âge et au bronze ont été trouvées en Bavière, dans le nord de l'Italie, dans le Mecklembourg, en Poméranie, en France, en Angleterre, en Écosse et en Irlande. Hérodote dit que les Péoniens vivaient ainsi dans le lac Prasias (Thrace), et Lubbock dit que les pêcheurs du lac Prasias habitent encore des cabanes en bois construites au-dessus de l'eau. La ville de Tcherkask , en Russie, est construite sur le fleuve Don, et Venise elle-même n'est qu'une ville lacustre. [73]

Plusieurs tentatives ont été faites pour estimer le temps écoulé depuis la période néolithique. Les estimations de M. Morlot sont basées sur les découvertes faites dans une butte formée par la rivière Tinière à son entrée dans le lac Léman. Ce cône contenait trois couches distinctes de terre végétale placées à différentes profondeurs entre les dépôts d'alluvions. Le premier était à une profondeur de trois pieds et demi du sommet, et avait de quatre à six pouces d'épaisseur, et on y trouva des reliques de la période romaine ; le second était de cinq pieds et quart plus bas et de six pouces d'épaisseur, dans lequel se trouvaient des fragments de bronze ; le troisième était à une profondeur de dix-huit pieds du sommet, et variait en épaisseur de six à sept pouces, et contenait des fragments de l'âge de pierre. L'histoire prouve que la couche contenant les reliques romaines est vieille de treize à dix-huit siècles. Depuis cette époque, le cône a augmenté de trois pieds et demi, et si l'augmentation était la même dans les âges précédents, alors le lit contenant le bronze a de vingt-neuf cents à quarante-deux cents ans, et la couche la plus basse, appartenant à l'âge de pierre, est âgé de quatre mille sept cents à dix mille ans.

Le calcul de M. Gillieron a été fait à partir des découvertes près du pont de Thièle . A environ mille deux cent trente pieds de la rive actuelle se trouve l'ancienne abbaye de Saint-Jean, construite en l'an 1100. Il existe un document qui semble démontrer que l'abbaye a été bâtie au bord du lac. Puis, en sept cent cinquante ans, le lac recula de mille deux cent trente pieds. La distance de la rive actuelle à l'établissement du pont de Thièle est de onze mille soixante-douze pieds, et par conséquent l'établissement n'a pas moins de six mille sept cent cinquante ans.

M. Figuier attribue aux habitations lacustres une antiquité de six à sept mille ans avant l'ère chrétienne. [74]

CHAPITRE XI.

HOMME DU NÉOLITHIQUE.

D'après les ossements humains trouvés dans les tourbières et les tumuli, l'homme est représenté comme ayant un crâne étroit mais rond, avec une crête saillante au-dessus des sourcils, montrant qu'il avait la tête ronde, les sourcils pendants, de petite taille quoique robuste, et ayant une grande ressemblance avec les Lapons. À bien des égards, la race était bien supérieure à celle de l'époque précédente. L'homme progressa rapidement dans les arts et fit de grands progrès dans la civilisation. Il n'était plus barbare et pouvait être qualifié de semi-barbare.

Habitations. — L'habitation de l'homme variait selon les localités. Dans l'extrême sud de la France , il continua longtemps à occuper les grottes et les abris sous roche ; en Suisse, les bâtiments sur pilotis, et au Danemark, il avait sans doute des huttes grossières placées les unes à côté des autres et à proximité des tas d'obus.

Vêtements. — Les vêtements variaient également selon les localités. Là où les animaux sauvages étaient nombreux, leurs peaux étaient utilisées, sans aucune incitation à les remplacer par d'autres matériaux. Des matériaux grossiers constitués de plantes fibreuses étaient désormais utilisés. Les habitants du lac s'habillaient de ce tissu et protégeaient complètement leur corps. Ils utilisaient également des sandales pour leurs pieds, car celles-ci ont été trouvées avec les indications d'usage habituelles.

Nourriture. — Là où on pouvait se procurer des animaux sauvages, on les utilisait et on extrayait la moelle des os longs. À cela s'ajoutaient des poissons et des oiseaux. Au Danemark, la nourriture principale était les différentes espèces de mollusques comestibles. En Suisse, on utilisait une alimentation d'un ordre plus élevé et d'une plus grande variété. La viande des animaux sauvages, des oiseaux et des poissons était variée avec du pain à base d'orge et de blé, ainsi que des fruits et des baies. La viande n'était pas seulement obtenue à partir de l'animal sauvage, mais ils prévoyaient également contre l'incertitude de la chasse en domestiqué le sanglier, le bœuf, le mouton et la chèvre. Le cheval et le chien étaient domestiqués pour aider à la chasse, mais parfois servis comme nourriture, probablement lors d'une famine.

Si ces personnes étaient des cannibales, la preuve doit reposer uniquement sur les ossements humains découverts dans un dolmen près du village de Hammer, au Danemark, qui avaient été soumis à l'action du feu. Ils ont été retrouvés avec quelques outils en silex. Mais ces preuves ne suffisent pas pour conclure que lors des banquets funéraires, de la chair humaine était utilisée en même temps que du cerf rôti.

Arts et manufactures. — Les hachettes en silex des décharges sont généralement d'un type imparfait ; les longs couteaux indiquent une habileté considérable ; les passe-passes, les pointes de lance et les grattoirs ne sont que peu améliorés. Dans la dernière partie de cette époque, les différents types d'instruments, notamment en Suisse, atteignirent un degré de perfection surprenant, à tel point qu'il est difficile de comprendre comment cela pouvait être obtenu sans l'utilisation du métal. Ils ont été fabriqués sous différentes formes et dans le but de plaire à l'œil.

Outre les divers types d'instruments communs aux différents pays, les tribus du Danemark fabriquaient une hachette percée, qui se combine de diverses manières avec le marteau. Un spécimen de ce type est représenté sur la figure 16, aujourd'hui au musée de Copenhague. Il est percé d'un trou rond, dans lequel était fixée la poignée. Le tranchant décrit un arc de cercle et l'autre extrémité est façonnée en arêtes angulaires vives.

De nouvelles inventions ont été mises en œuvre. Parmi eux se trouvait un peigne dont la forme pouvait être comparée à la fourchette à fumier des écuries américaines. Des ornements pour le corps, fabriqués à partir de divers matériaux, ont été confectionnés. La poterie était encore dans un état rudimentaire, même si elle s'améliorait progressivement. Le métier à tisser a été inventé et diverses sortes de tissus ont été fabriquées. Des cordages étaient également fabriqués à partir de plantes fibreuses, qui étaient à nouveau transformés en filets pour la pêche. De nombreuses pirogues ont été trouvées à divers endroits, ce qui montre qu'elles n'étaient pas seulement utilisées pour la pêche mais aussi pour transporter des marchandises. Des ateliers furent créés, et là les outils en pierre étaient fabriqués et polis ; une de ces boutiques était à Pressigny .

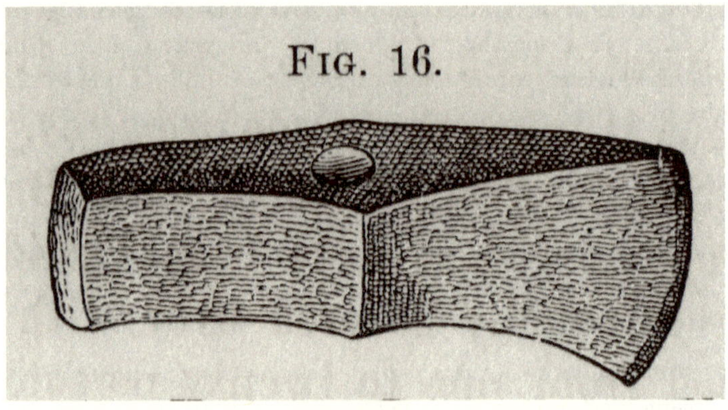

FIGURE 16.
MARTEAU-HACHE DANOIS, PERCÉ POUR LE MANCHE.

On peut avoir une idée du grand nombre d'outils en pierre qui existent, si l'on considère qu'au musée de Copenhague il y en a environ douze mille, composés de haches de silex, de coins, de ciseaux larges, étroits et creux ; poignards, pointes de lance, pointes de flèches, éclats de silex et instruments en forme de demi-lune. Dans d'autres collections au Danemark, il y a vingt mille instruments. Le musée de Stockholm en contient environ seize mille, et la Royal Irish Academy possède sept cents éclats de silex, cinq cent douze celtes, plus de quatre cents pointes de flèches, cinquante pointes de lance, soixante-quinze grattoirs et de nombreux autres objets d'art. pierre, comme les frondes, les marteaux, les pierres à aiguiser, les broyeurs de grains, etc. [75] Certains de ces instruments peuvent cependant appartenir à d'autres époques.

La guerre a dû être menée dans une mesure considérable, puisque des camps fortifiés ont été découverts en Belgique, à Furfooz et ailleurs. Leurs armes étaient la hache, la flèche, la lance et éventuellement le couteau. Ceux-ci ont été travaillés avec beaucoup de soin.

Agriculture. — L'homme a commencé à cultiver la terre à cette époque et a ainsi posé les véritables bases de la civilisation. Il a probablement été contraint de le faire. Les bêtes de la forêt diminuaient progressivement. Ils l'avaient nourri dans l'enfance de son esprit, et maintenant il devrait commencer à se tourner vers la terre, et par la culture de ses produits, il doit subvenir à ses besoins. Son principal outil agricole devait être le bâton aiguisé, pointu avec une corne de cerf. Il cultivait les céréales, fabriquait son moulin à maïs et stockait le grain pour l'hiver.

Enterrement. — On ne sait pas comment les colons des habitations lacustres se débarrassaient de leurs morts. Au Danemark et dans de nombreux autres endroits, les morts étaient enterrés dans des dolmens ou des tumulus. Un dolmen est un monument constitué de plusieurs pierres perpendiculaires recouvertes d'un grand bloc ou dalle. Lorsqu'il est entouré de cercles de pierre, il prend le nom de *cromlech* . Les dolmens sont également présents en Scandinavie, en France et en Bretagne. Ils étaient autrefois considérés comme des autels sacrificiels druidiques. Ils étaient généralement recouverts de terre et y étaient enterrés de une à vingt personnes accompagnées de leurs outils. Lorsqu'une personne décédait, le tombeau était rouvert pour recevoir le nouvel occupant. A cette époque, le feu était utilisé dans le but de purifier l'atmosphère du tombeau. En Bretagne, au voisinage des tombeaux, étaient dressés dans le sol d'énormes blocs de pierre, qui ont reçu le nom de *menhirs* , dont le plus connu est celui de Carnac. Lorsque ces dolmens restent dans l'état où ils ont été laissés, encore recouverts de terre, ils prennent le nom de *tumuli* . Relativement peu de tumuli appartiennent au néolithique. On y a trouvé un grand nombre de corps, et aucun d'eux dans une position naturelle, mais à l'étroit et la tête appuyée entre les genoux.

A en juger par les ossements calcinés, que l'on rencontre fréquemment au tombeau, on peut déduire que des victimes étaient offertes lors des cérémonies funéraires, peut-être un esclave ou la veuve. Lubbock est d'avis que lorsqu'une femme mourait en donnant naissance à un enfant, ou même alors qu'elle l'allaitait encore, l'enfant était enterré vivant avec elle. [76]

Cette hypothèse est étayée par le grand nombre de cas dans lesquels les squelettes d'une femme et d'un enfant ont été retrouvés ensemble. Lors des cérémonies au tombeau, certains lisent la croyance en un état d'existence futur. Cependant, les preuves ne sont pas plus claires que celles des époques précédentes. L'homme avait sans doute une telle croyance, mais la science ne la révèle pas.

CHAPITRE XII.

ÉPOQUE DU BRONZE.

L'âge du bronze n'a aucun rapport direct avec l'antiquité de l'homme, car il est largement couvert par l'histoire écrite. Bien que l'histoire n'enregistre pas les événements de l'âge du bronze en Europe occidentale, elle couvre néanmoins l'époque qui englobe l'utilisation du bronze. Cette époque concerne plus l' archéologue que le géologue. Elle est marquée par l'abondance d'épées, de lances, d'hameçons, de faucilles, de couteaux, d'ornements et d'autres objets en bronze. Les instruments en bronze se trouvent principalement en Angleterre, en Écosse, en Irlande, en France, au Danemark, en Norvège, en Italie et en Suisse. Les établissements lacustres de Suisse connus pour appartenir à cette époque sont : Genève, dix établissements ; Neuchâtel, vingt-cinq colonies ; Bienne, dix colonies ; Morat , trois colonies ; et Sempach , deux colonies. A ceux-ci peuvent s'ajouter quelques-uns des crannoges de l'Irlande ; aussi de nombreux tumulus et monticules.

Taper. — L'homme de cette époque n'était pas sans rappeler celui de la précédente. Sa tête était plutôt large que longue, il était petit, énergique et musclé ; ses mains étaient petites, comme le prouvent les manches remarquablement petits de leurs épées, trop petits pour une main d'aujourd'hui. Ce type d'homme s'est maintenu jusqu'à nos jours dans le nord de la Suisse.

Habitations et nourriture. — Les grottes et les abris sous roche ont cédé entièrement la place aux cabanes rudimentaires qui protégeaient désormais l'homme. Si on y recourait, ce n'était que pour une cause ou un danger particulier. La nourriture était la même qu'au néolithique, avec des ajouts de céréales.

Vêtements. — Les peaux d'animaux étaient moins utilisées qu'autrefois pour l'habillement. Des vêtements faits d'une autre matière ont été retrouvés, et même tout l'habit d'un chef. Dans un tumulus du Jutland, on trouva un épais bonnet de laine , un manteau de laine grossière (fig. 17), de forme semi-circulaire, festonné autour du cou, hirsute à l'intérieur, long de trois pieds quatre pouces et large en proportion ; deux châles en laine , une chemise en laine , des leggings en laine et les restes d'une paire de bottes en cuir. Les plantes fibreuses contribuaient également au confort de l'homme et étaient peut-être utilisées pour les vêtements d'été et sous les vêtements en hiver.

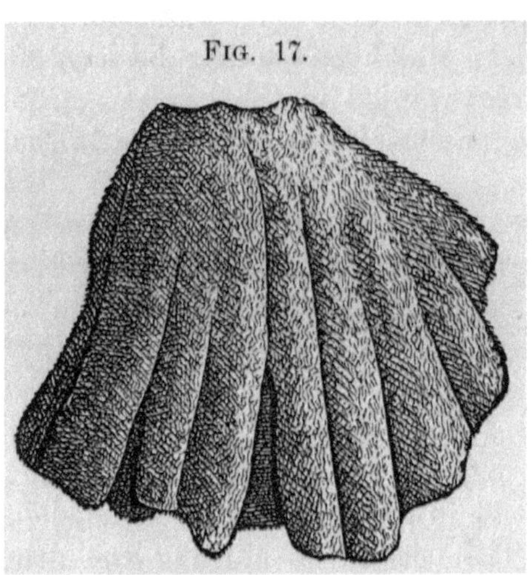

**FIG. 17. MANTEAU
EN LAINE DE L'ÉPOQUE DU BRONZE, TROUVÉ EN 1861 DANS UN
TUMULUS DU JUTLAND.**

Met en oeuvre. — Les gens de cette époque ont apporté de grandes améliorations à leurs armes, outils et ornements. Ils sont constitués de celtes en bronze, d'épées, de marteaux, de couteaux, d'épingles à cheveux, de petits anneaux, de boucles d'oreilles, de bracelets, d'hameçons, de poinçons, de fils spiralés, de pointes de lance, de pointes de flèches, de boutons, d'aiguilles, d'ornements divers, scies, poignards, faucilles et épingles à double pointe. Il y avait aussi des ornements en or. Un seul instrument, un celte ailé, a été retrouvé, portant une inscription.

Arts. — Des progrès ont été réalisés dans l'art du tissage. La soudure et le moulage du métal étaient pratiqués ; des fonderies furent créées dont les restes ont été découverts à Devaine et Walflinger en Suisse ; des moules en pierre ont été utilisés, dont l'un, à l'essai, a produit une hache exactement semblable à celles qui ont été collectées. Les moules étaient généralement fabriqués en sable. Le creuset utilisé pour la fusion du métal était fait de poterie placée au-dessus d'un trou dans la terre rempli de charbon de bois brûlant ; une fois le métal fondu, il était versé dans le moule . La poterie prend de nouvelles formes et se pare de motifs variés. Le verre, qu'on a si longtemps attribué à l'origine phénicienne , a été inventé à l'âge du bronze, car des perles de verre, de couleur bleue ou verte, ont été trouvées dans les tombeaux de cette époque.

Agriculture. — Les céréales attestent du travail du sol. Le sol était préparé par la branche saillante d'une tige de l'arbre, utilisée comme charrue. Le grain était stocké pour l'hiver et, lorsque nécessaire, était broyé en étant frotté entre deux pierres servant de mortier.

Pêche et navigation. — Il n'y a aucune trace distincte d'amélioration au-delà de l'époque passée, dans la pêche et la navigation, si ce n'est dans les hameçons améliorés en bronze.

Enterrement. — La coutume de brûler les morts était presque universelle au Danemark et était plus ou moins pratiquée dans d'autres pays. Les cendres et les fragments d'os étaient collectés et placés dans ou sous une urne. Une fois enterré, le cadavre était généralement placé dans une position contractée, mais parfois étendu. Avec les morts étaient enterrés leurs outils et leurs vêtements. Le corps du chef découvert dans un tumulus du Jutland, où les vêtements ont été retrouvés, a été enterré dans un cercueil de neuf pieds et deux tiers de long, sur plus de deux pieds de large, et recouvert d'un couvercle mobile. Le corps était dans un bon état de conservation, grâce à l'action sur lui d'une eau fortement imprégnée de fer. Il était enveloppé dans un manteau de laine , puis enveloppé de nouveau dans une peau de bœuf. Avec lui étaient enterrés les châles, les jambières, la chemise, les bottes et les casquettes, deux petites boîtes, un rasoir en bronze, un peigne, une épée en bronze dans un fourreau en bois et une longue bande de laine . Dans d'autres cercueils ont été trouvés des épées, des couteaux, des broches, des poinçons, des pinces et des boutons, tous en bronze. Dans le cercueil d'un bébé, on a trouvé une perle d'ambre et un petit bracelet en bronze.

religieuse . — On a découvert de nombreux croissants en pierre et en faïence qui sont considérés, par certains archéologues , comme des emblèmes religieux. Le Dr Keller les appelle « images lunaires » et a consacré un court chapitre à leur examen. [77] D'autre part, Lubbock et Carl Vogt les considèrent comme des lieux de repos pour la tête la nuit. [78] Ils arrangeaient soigneusement leurs cheveux longs et sacrifiaient évidemment le confort à la vanité. Ils portaient une longue épingle avec laquelle ils se grattaient la tête. Ce genre d'oreiller est encore utilisé par les Fuégéens et les Abyssins, qui ont les cheveux richement décorés ; et dans certains cas, cela n'est jamais dérangé. Si les gens étaient des fidèles, le croissant est la seule preuve archéologique . Aucune idole n'a jamais été découverte. Que les gens étaient déjà des adorateurs peut être appris des traditions enregistrées dans l'histoire.

CHAPITRE XIII.

ÉPOQUE DU FER.

Comme l' *époque du fer* établit assez bien la civilisation et appartient presque entièrement à l'époque historique, elle sera ici brièvement mentionnée, puis écartée après avoir cité une citation du Dr Keller. Le bronze n'a pas seulement préparé le terrain pour l'époque du fer, mais il a également donné une grande impulsion aux époques suivantes. L'art de la métallurgie prit une importance nouvelle et donna une nouvelle vie à tout mouvement tendant au secours de l'homme. Les ouvrages en bronze ont cédé la place à ceux en fer. Un couteau en fer est représenté sur la figure 18. Les couteaux de ce modèle étaient cependant en bronze et servaient au même usage. Les ateliers de cette époque étaient si nombreux qu'on en a découvert quatre cents dans une même province. Le tour de potier a été inventé ; l'argent fut introduit et l'agriculture grandement nourrie.

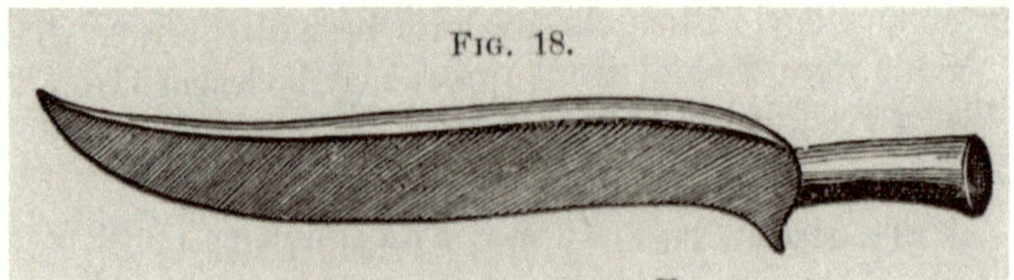

FIG. 18.
UN COUTEAU DE L'ÉPOQUE DU FER.

Certaines habitations lacustres suisses de Neuchâtel et de Bienne appartiennent à cette époque. Le Dr Keller, en résumant certaines de ses observations, a utilisé le langage suivant : « Le phénomène des habitats lacustres, si important dans l'histoire de la civilisation, l'époque de leur premier établissement, leur conception originale, leur développement , et leur extinction finale, malgré de nombreux faits accumulés, est à bien des égards assombrie par le doute.... Cela est certain depuis le tout début de ce mode de vie particulier jusqu'à la dernière période de son existence, alors que les circonstances extérieures restaient de même, on peut observer un progrès tranquille vers un meilleur développement des conditions de vie, dans lequel il n'y a eu ni régression ni aucun progrès soudain par l'intervention d'éléments étrangers. La diffusion générale des métaux dans un pays qui n'en avait pas s'explique simplement. par le troc qui existait dans toute l'Europe dès les premiers âges. La question de savoir pourquoi les habitants d'une région lacustre de l'âge de pierre abandonnèrent leurs colonies, tandis que ceux d'une autre, à peu d'heures ou de plusieurs minutes de marche, restaient tranquillement vivants. sur leurs plates-formes, n'a pas plus d'importance que de rechercher pourquoi, au moyen âge , tant de localités ont disparu, dont les noms et les situations nous sont connus. La présence d'objets industriels sur la zone des habitations lacustres n'a rien de bien surprenant, si l'on considère à quels malheurs étaient exposés les villages de cabanes couvertes de paille, dans lesquels non seulement les maisons elles-mêmes, mais même les plates-formes sur lesquelles ils se tenaient debout, étaient formés de matériaux très combustibles. Il est possible, si l'on prend au pied de la lettre le récit de César , que lorsque les Helvètes , dont l'arrivée dans le pays n'est ni mentionnée dans l'histoire ni démontrée par l'archéologie , se retirèrent, les habitations lacustres alors existantes furent dans leur ensemble incendiées ; mais il ne fait aucun doute aussi que certaines sont restées debout, ou ont été reconstruites après le retour de la population. Leur persistance jusqu'à l'époque romaine ne peut qu'étonner celui qui imagine qu'à cette époque toute la population était passée au mode de vie romain, tandis que la preuve se trouve devant lui que la classe inférieure a adhéré à ses propres mœurs et coutumes jusqu'à ce jour. l'entrée des races allemandes." [79]

CHAPITRE XIV.

TRACES DE L'HOMME EN AMÉRIQUE.

L'Amérique offre aux antiquaires un meilleur terrain que le vieux monde. Ses vestiges antiques ne sont pas tellement blessés par la décadence des empires et la rudesse de la guerre. Les âges successifs n'ont pas tellement effacé ces marques, et beaucoup de vestiges subsistent tels que laissés par les premiers occupants, à l'exception seulement du changement et de la décadence que le temps lui-même produit. L'Amérique sera encore découverte. Il est vrai que les repères sont connus ; mais ceux-ci n'ont pas été étudiés avec autant de diligence que les restes de l'homme en Europe. Le Boucher de Perthes et le Dr Schmerling sont encore à venir. En attendant, l'histoire de l'homme primitif en Amérique demeure entourée d'une grande incertitude. Beaucoup de travail a été consacré à l'investigation de ce sujet et de nombreux ouvrages ont été écrits, tous tournés vers un développement précoce qui doit arriver tôt ou tard.

Dans ce chapitre, le but sera seulement de signaler quelques-unes de ces traces.

Énumération. — Les instruments provenant des lits de gravier du Colorado et le crâne du comté de Calaveras, en Californie, ont déjà été mentionnés (pp. 61, 62).

Près de Osage Mission, au Kansas, on a découvert un crâne humain encastré dans une roche solide, qui a été brisé par une explosion. Il a été examiné par le Dr Weirley , qui l'a comparé à un crâne moderne et a constaté qu'il ressemblait à ce dernier dans sa forme générale, mais qu'il était plus long d'un pouce et quart. De cette relique, il dit : « Elle appartenait à un homme de grande taille, et était incrustée dans un conglomérat de roche de classe tertiaire, et trouvée à plusieurs pieds sous la surface. Des parties des os frontaux, pariétaux et occipitaux ont été emportées par L'explosion. Le morceau de roche contenant les restes pèse environ quarante ou cinquante livres, avec de nombreuses impressions de coquilles marines, et à travers lui coule une veine de quartz, ou dans le crâne de la matière organique cristallisée, et à l'aide d'un microscope présente un belle apparence." En termes de forme, l'homme de Néandertal s'en rapproche le plus. [80]

Dans le filon de Comstock (Nevada), à une profondeur de cinq cents pieds, le juge AW Baldwin a trouvé un crâne humain de forme inhabituelle et particulière. Il est très court de la base au sommet et extrêmement large entre les oreilles. Le crâne est entier, à l'exception des os du visage. Ce crâne n'a jamais été examiné par une personne compétente. [81]

Dans l'argile flottante, dans la ville de Toronto, à une profondeur de deux pieds de la surface, ont été découverts les os et la corne d'un cerf, au milieu d'une accumulation de charbon de bois et de cendres, et avec eux un ciseau ou une hache de pierre grossière. [82]

Dans le gravier du quartz aurifère des mines Grinell (Kansas), on a trouvé un couteau de silex imparfait à une profondeur de quatorze pieds. Au-dessus de l'outil, le gravier, composé de quartz et d'argile rougeâtre, avait dix pieds d'épaisseur, et au-dessus se trouvait quatre pieds de riche terre noire. Cet instrument a été remis au Dr Daniel Wilson par MPA Scott. [83]

Le Dr Dickeson a trouvé, dans la terre jaune du Mississippi à Natchez, un os pelvien humain ainsi que des os de mastodonte et de mégalonyx . Ils furent trouvés à une profondeur de trente pieds de la surface, et l'os humain avait la même couleur noire qui caractérisait les autres. Sir Charles Lyell a calculé qu'il fallait soixante-sept mille ans pour former le delta du Mississippi, mais admet que, si les conclusions auxquelles sont parvenus les ingénieurs américains sont exactes, en ce qui concerne la quantité annuelle de sédiments déversés dans le delta, la la croissance serait réduite à trente-trois mille cinq cents ans. En prenant l'une ou l'autre de ces estimations, on obtiendrait le nombre d'années écoulées depuis le dépôt de ces ossements. [84]

Dans une fouille faite près de la Nouvelle-Orléans, à seize pieds de profondeur, sous quatre forêts de cyprès superposées, les ouvriers trouvèrent un squelette humain complet et du charbon de bois. Le crâne est semblable au type aborigène de la race indienne. Cette découverte a fourni les données à partir desquelles le Dr Bennet Dowler a attribué au genre humain une antiquité, dans le delta du Mississipi, de cinquante-sept mille ans. [85]

Le comte Pourtalis a trouvé des restes humains fossiles, constitués de mâchoires, de dents et de quelques os du pied, dans un conglomérat calcaire faisant partie de la série des récifs de Floride. L'ensemble de la série de récifs est d'origine post-tertiaire et, selon le professeur Agassiz, sa formation a mis cent trente-cinq mille ans. Si ce calcul est correct, alors ces ossements doivent avoir une ancienneté de dix mille ans. [86]

Le docteur Lund, naturaliste danois, explora au Brésil huit cents cavernes appartenant à différentes époques, et y exhuma un grand nombre d'espèces animales inconnues. Dans une grotte calcaire, près du lac de Semidouro , il trouva les ossements d'au moins trente personnes d'âges différents, et montrant un état de décomposition semblable à celui des os d'animaux auxquels ils étaient associés. Des découvertes qui y furent faites, Lund fut forcé de conclure que l'homme était contemporain du mégatherium et du mylodon, animaux appartenant au post-tertiaire. [87]

Les tas d'obus d'Amérique sont contemporains de ceux du Danemark. Ceux de Damariscotta, dans le Maine, ont été examinés par le professeur WD Gunning. Il estime qu'à l'intérieur d'une superficie de cent tiges de longueur et quatre-vingts de largeur sont entassés cent millions de boisseaux de coquilles d'huîtres. Une butte en forme de dôme mesure près de cent pieds de hauteur. Les seules reliques humaines trouvées parmi les coquilles sont des gouges en pierre, des pointes de flèches, des aiguilles en os, de la poterie et des couteaux en cuivre. Ces coquilles n'ont probablement été déposées que par quelques individus à la fois. Lorsqu'elle s'est formée, l'huître était originaire de cette côte, mais de mémoire de l'homme, elle n'y a pas vécu.

Les constructeurs de monticules. — Un peuple ancien et inconnu, d'un certain degré de civilisation, a laissé des restes de sa grandeur dans les fortifications et les monticules des vallées du Mississipi et de ses affluents. Ces travaux s'étendent sur une grande étendue de territoire. On les trouve dans l'ouest de l'État de New York, la Virginie occidentale, l'Ohio, le Kentucky, le Tennessee, l'Indiana, l'Illinois, le Wisconsin, le Michigan, l'Iowa, le Nebraska, le Missouri, l'Arkansas, la Louisiane, le Mississippi, l'Alabama, la Géorgie, la Floride, le Texas et le long du Kansas, Platte et d'autres rivières de l'ouest.

Les gens semblent être originaires de l'Ohio. À l'extrémité sud, les œuvres perdent progressivement leur caractère distinctif et passent à l'architecture plus développée du Mexique ; et au nord, au nord-est et au nord-ouest, la population semble avoir été plus limitée et leurs œuvres moins parfaitement développées. Le peuple s'adonnait avant tout à l'agriculture ; n'étaient pas belliqueux et naviguaient uniquement sur les rivières le long de leurs colonies. Les vallées fertiles des rivières Scioto, des deux Miamis , Kanawaha , White, Wabash, Kentucky, Cumberland et Tennessee étaient densément peuplées, comme l'indiquent les nombreux ouvrages qui diversifient leurs surfaces.

outils en pierre et en os provenant des monticules diffèrent peu par leur forme de ceux de l'Europe. Les hachettes et les couteaux sont non seulement faits de silex mais aussi d'obsidienne et d'autres pierres dures. Le cuivre était la principale substance métallique. Avec cela, ils fabriquèrent divers instruments et épées. Il a été obtenu sur les rives du lac Supérieur, où ils ont réalisé une exploitation minière intensive. Dans ces mines, on a trouvé leurs instruments, dont quelques-uns sont de très grosses hachettes en diorite, utilisées comme traîneaux pour casser des morceaux de cuivre, et si lourdes qu'il faudrait plus d'un homme pour les manier. Le cuivre n'était pas soumis à la chaleur, mais il était martelé à froid pour lui donner la forme souhaitée.

On peut avoir une idée du nombre des monticules et des forteresses en disant que dans le seul État de l'Ohio, il y a de onze mille à douze mille de ces ouvrages. Les forteresses étaient utilisées pour protéger la population contre la guerre prédatrice des tribus hostiles, ou même, peut-être, contre les incursions faites par d'autres bâtisseurs de monticules. En ce qui concerne les monticules, il y a eu beaucoup de spéculations, et certains archéologues les divisent en sacrificiels, sépulcraux, temples et symboliques.

Sacrificiel. — Les tumulus sacrificiels sont caractérisés par « leur présence presque invariable à l'intérieur d'enceintes ; leur construction régulière en couches uniformes de gravier, de terre et de sable, disposées alternativement en strates conformes à la forme du tumulus ; et leur recouvrement d'un autel symétrique d'argile brûlée ». ou pierre, sur laquelle sont déposées de nombreuses reliques, présentant dans tous les cas des traces plus ou moins abondantes de leur exposition à l'action du feu. [88] Parmi les plus remarquables sont ceux trouvés sur le Scioto, au lieu-dit Mound City situé sur la rive ouest. Les monticules sont entourés d'un simple talus, haut de trois à quatre pieds. La superficie occupée est d'environ treize acres et comprend vingt-quatre monticules. L'un d'eux a cent quarante pieds de longueur, et la plus grande largeur est de soixante pieds. Dans ce monticule se trouvaient quatre autels successifs, un boisseau de fragments de pointes de lance, plus de cinquante pointes de flèches en quartz, du cuivre et d'autres reliques. Les dépôts sacrificiels ne révèlent pas un assemblage divers de reliques, car sur un autel se trouvent principalement des centaines de pipes sculptées ; sur un autre, des poteries, des ornements en cuivre, des ustensiles en pierre ; sur d'autres, des coquilles calcinées, des os brûlés ; et sur d'autres, aucun dépôt n'a été constaté. Les tumulus sacrificiels se trouvent à Marietta et dans d'autres localités.

Toutes les investigations qui ont été faites prouvent que les autels ont non seulement été utilisés pendant une longue période, mais qu'ils ont également été renouvelés à plusieurs reprises.

Sépulcral. — Les tumulus sépulcraux se comptent par milliers. Ce sont de simples pyramides de terre, parfois elliptiques ou en forme de poire, et dont la hauteur varie de six à quatre-vingts pieds. Ils ne contiennent généralement qu'un seul squelette, réduit presque en cendres, mais parfois dans son état ordinaire et en position accroupie. A leurs côtés se trouvent des bibelots et, dans quelques cas, des armes. Ces monticules n'étaient probablement élevés que sur le corps d'un chef ou d'une personnalité distinguée.

Temple. — Les tumulus des temples sont des pyramides tronquées, avec des chemins ou des marches menant au sommet, et parfois avec des terrasses à différentes hauteurs. Parmi les plus remarquables, on trouve celui de Cahokia, dans l'Illinois. Il mesure sept cents pieds de long à sa base, cinq cents pieds de large et quatre-vingt-dix pieds de haut. Son sommet plat s'étend sur plusieurs acres.

Symbolique. — Les tertres symboliques sont constitués de gigantesques bas-reliefs formés à la surface du sol, représentant des hommes, des animaux et des objets inanimés. Dans le Wisconsin, ils existent par milliers, et parmi les appareils figurent l'homme, le lézard, la tortue, l'élan, le buffle, l'ours, le renard, la loutre, le raton laveur, la grenouille, l'oiseau, le poisson, la croix, le croissant, l'angle, la ligne droite, la massue de guerre. , pipe à tabac et autres instruments ou armes familiers.

Dans le comté de Dane, il existe un groupe remarquable composé de six quadrupèdes, six parallélogrammes, un tumulus circulaire, une figure humaine et un petit cercle. Les quadrupèdes mesurent de cent à cent vingt pieds de long, et la silhouette de l'homme mesurait cent vingt-cinq pieds de long et près de cent quarante pieds du bout d'un bras à l'autre. Près du village de Pewaukee, lors de leur première découverte, il y avait deux lézards et sept tortues. L'un de ces derniers mesurait quatre cent soixante-dix pieds.

Dans le comté d'Adams , Ohio, se trouve la figure d'un vaste serpent ; sa tête occupe le sommet d'une colline et, dans ses mâchoires distendues, fait partie d'une masse de terre de forme ovale, longue de cent soixante pieds, large de quatre-vingts et haute de quatre pieds. Le corps du serpent s'étend autour de la colline sur environ huit cents pieds, formant des boucles et des ondulations gracieuses. Près de Granville, comté de Licking , Ohio, au sommet d'une colline de deux cents pieds de haut, se trouve la représentation d'un alligator. Sa longueur extrême est de deux cent cinquante pieds, sa hauteur moyenne de quatre pieds ; la tête, les épaules et la croupe sont surélevées par parties jusqu'à une hauteur de six pieds ; les pattes mesurent quarante pieds de long, les extrémités étant plus larges que les maillons, comme si l'écartement des orteils était initialement indiqué. Sur le côté intérieur de l'effigie se trouve un espace surélevé recouvert de pierres qui ont été exposées à l'action du feu ; et de là, menant au sommet, il y a un chemin gradué de dix pieds de largeur. L'examen révéla que le contour de la figure était composé de pierres de taille considérable, sur lesquelles la superstructure avait été modelée en argile fine.

Antiquité. — Il existe des méthodes pour déterminer l'ancienneté de ces monticules. MEG Squier a signalé trois faits qui prouvent qu'ils appartiennent à une époque lointaine. 1. Aucun de ces ouvrages anciens ne se rencontre sur la partie la plus basse des terrasses fluviales, qui marquent l'affaissement des cours d'eau. Comme ces ouvrages sont surélevés sur tous les autres, il s'ensuit que la terrasse la plus basse s'est formée depuis l'érection des ouvrages. Les cours d'eau forment généralement quatre terrasses, et la période marquée par la plus basse doit être la plus longue, car la puissance excavatrice de ces cours d'eau diminue à mesure que les canaux s'approfondissent. 2. Les squelettes des bâtisseurs de monticules sont retrouvés dans un état de délabrement extrême. Seuls un ou deux squelettes ont été récupérés dans un état propice à un examen intelligent. Les circonstances de leur enterrement étaient exceptionnellement favorables à leur préservation. La terre autour d'eux s'est toujours révélée merveilleusement compacte et sèche ; et pourtant, une fois exhumés, ils étaient dans un état de décomposition et de ruine. 3. Leur grande ancienneté est démontrée par leur relation avec les forêts vierges. Comme les Mound-Builders étaient un peuple agricole sédentaire, leurs enclos et leurs champs furent débarrassés des arbres et le restèrent jusqu'à ce qu'ils soient désertés. Lorsque les Européens les découvrirent, ces enclos étaient recouverts d'arbres gigantesques, certains vieux de huit cents ans. Les arbres qui ont fait leur apparition n'étaient pas des arbres forestiers ordinaires. Lorsque les premiers arbres qui prirent possession du sol furent morts, ils furent, dans de nombreux cas, supplantés par d'autres espèces, jusqu'à ce qu'enfin, après un grand nombre de siècles, cette remarquable diversité d'espèces caractéristique de l'Amérique du Nord s'établisse. [89]

Le Dr Buchner leur attribue une antiquité de sept mille à dix mille ans. [90]

Fort Shelby, dans le comté d'Orléans , New York, a été soigneusement examiné par Frank H. Cushing, l' archéologue . Le fort s'est avéré composé de deux murs circulaires parallèles, avec une porte dans chacun. La porte d'entrée du mur extérieur donnait sur une tourbière dont le rivage était distant d'une dizaine de pieds. Dans l'enceinte, il trouva de petites pierres plates et entaillées, utilisées pour couler les filets de pêche. Dans la tourbière, il creusa un puits jusqu'à une profondeur de sept pieds, non loin du rivage. Au fond du puits , il trouva des coquilles d'espèces vivantes de coquillages. L'environnement naturel montre que ce fort a été construit à l'époque où la tourbière n'était qu'un lac. Ceci est encore confirmé par le fait que tous les ouvrages anciens sont érigés à proximité d'un approvisionnement permanent en eau. L'approvisionnement permanent en eau le plus proche est Oak Orchard Creek, à un mille et demi de distance. La formation de cette tourbe ne demanderait pas moins de quatre mille ans, et plus probablement le double de ce nombre.

Les Constructeurs de Monticules ont dû rester très longtemps. Ces ouvrages se formèrent progressivement et la population s'étendit lentement vers le Nord. Leurs champs de maïs, par leur état surélevé, témoignent de nombreuses années successives d'utilisation.

NOTE A. — En référence aux ossements humains fossiles de Floride, le comte LF Pourtales dit : « La mâchoire humaine et d'autres os, trouvés par moi-même en Floride en 1848, n'étaient pas dans une formation corallienne, mais dans un grès d'eau douce sur la surface. rive du lac Monroe, associés à des coquilles d'eau douce d'espèces vivant encore dans le lac (*Paludina* , *Ampullaria* , *etc.*). Aucune date ne peut être attribuée à la formation de ce dépôt, du moins d'après les observations actuelles. "- *Naturaliste américain* , vol. II., p. 443.

NOTE B. — Outre les preuves déjà énumérées, le colonel Charles Whittlesey donne ce qui suit : 1. Trois squelettes d'Indiens dans une grotte-abri près d'Elyria, O., ont été trouvés à quatre pieds sous la surface, reposant sur le sol d'origine de la grotte. , sur lequel se trouvaient également du charbon de bois, des cendres et les restes d'animaux existants ; âge estimé, deux mille ans. 2. Plusieurs squelettes humains ont été découverts dans une grotte près de Louisville, Kentucky, cimentés dans une brèche. Ils ont été découverts lors de la construction du réservoir en 1853. 3. Une bûche, portée par les pieds de l'homme, a été trouvée dans le lit de boue de High Rock Spring, Saratoga, NY, à une profondeur de neuf pieds sous la grotte, et estimée par Le Dr Henry McGuire aura 5 470 ans. Il a été découvert en 1866. 4. M. Koch prétend avoir trouvé une pointe de flèche à quinze pieds sous le squelette du *Mastodon Ohioensis* provenant des alluvions récentes de la rivière Pomme de Terre, Missouri, et maintenant au British Museum. Sa déclaration a toutefois été contredite par l'un des hommes qui l'ont aidé à exhumer le squelette. 5. Le Dr Holmes, de Charleston, Caroline du Sud, a trouvé de la poterie au pied d'une tourbière, sur les rives de la rivière Ashley, en relation étroite avec les restes du Mastodon et du Megatherium. 6. Le colonel Whittlesey, en 1838, a trouvé des foyers à feu dans les anciennes alluvions de l'Ohio, à Portsmouth, O., à une profondeur de vingt pieds, et sous les travaux des constructeurs de monticules . — *Le colonel Whittlesey avant le Association américaine, en 1868.*

CHAPITRE XV.

HISTOIRE ÉCRITE.

On ne sait généralement pas que l'histoire écrite remonte à une époque aussi lointaine qu'elle rend inutile le système actuel de chronologie. Les puissants empires de l'Antiquité ont dû rester un mystère pour de nombreux esprits réfléchis. Aussi loin que l'histoire nous mène , nous voyons non seulement le monde regorgeant de millions d'habitants, mais aussi les nations se développer et les empires s'effondrer. Rollin ressentait les difficultés de chronologie qui le gênaient. Il dit que l'empire assyrien a été fondé par Nimrod dix-huit cents ans après la création de l'homme, ou deux cent vingt-quatre ans après le Déluge, ou cent vingt-six ans avant la mort de Noé. Nimrod fut remplacé par son fils Ninus, qui reçut un puissant secours des Arabes et étendit ses conquêtes depuis l'Égypte jusqu'en Inde et en Bactriane . Ninus agrandit sa capitale jusqu'à soixante milles de circonférence, construisit des murs d'une hauteur de cent pieds et si larges que trois chars pouvaient facilement y circuler de front, et les fortifia et les orna de mille cinq cents tours de deux cents pieds de haut. . Après avoir achevé ce prodigieux ouvrage , il mena contre les Bactriens un million sept cent mille fantassins, deux cent mille chevaux, outre quatre cents vaisseaux bien équipés et pourvus. Après sa mort, Sémiramis, sa femme, monta sur le trône. Elle agrandit ses domaines par la conquête d'une grande partie de l'Éthiopie. Puis elle mena son armée de trois millions d'infanterie et cinq cent mille chevaux , outre les chameaux et les chars de guerre, en Inde, où elle subit une sévère défaite. Après avoir fait ces déclarations, Rollin dit : « Je dois admettre que je suis quelque peu perplexe face à une difficulté qui peut être soulevée contre les choses extraordinaires racontées sur Ninus et Sémiramis, car elles ne semblent pas s'accorder avec les temps si proches du Déluge : je veux dire , des armées si vastes, une cavalerie si nombreuse, tant de chars armés de faux, et de si immenses trésors d'or et d'argent ; ... et la magnificence des bâtiments qui leur sont attribués. [91] Les difficultés présentées à l'historien moderne ne se seraient jamais produites si le discrédit n'avait pas été jeté sur les écrits des anciens.

Egypte. — La seule histoire de l'Egypte, écrite en grec, était celle de Manéthon, grand prêtre d'Héliopolis, qui vécut trois cents ans avant Jésus-Christ. Seuls des fragments de cette œuvre ont été conservés. Cette histoire est tirée des anciennes chroniques égyptiennes et contient une liste de trente dynasties régnant dans une seule ville. Ses « trente et une listes contiennent les noms de cent treize rois qui, selon eux, ont régné en Égypte pendant l'espace de quatre mille quatre cent soixante-cinq ans ». [92] Le Dr Buchner dit que Manéthon « calcule pour trois cent soixante-quinze pharaons une période de règne de six mille cent dix-sept ans, ce qui, avec l'ère actuelle, fait environ huit mille trois cent trente ans ». [93] Bayard Taylor fait attribuer à Manéthon la première dynastie vers l'an 5000 AVANT JC. [94]

Hérodote dit que les Égyptiens « déclarent que depuis leur premier roi (Ménès) jusqu'à ce dernier monarque mentionné (Séthos), le prêtre de Vulcain, s'est écoulé une période de trois cent quarante et une générations ; telle, du moins, disent-ils, fut la nombre de leurs rois et de leurs grands prêtres, pendant cet intervalle. Or trois cents générations d'hommes font dix mille ans, trois générations remplissant le siècle, et les quarante et une générations restantes font treize cent quarante ans. Ainsi le le nombre entier d'années est onze mille trois cent quarante. » Les prêtres « me conduisirent dans le sanctuaire intérieur, qui est une chambre spacieuse, et me montrèrent une multitude de statues colossales en bois, qu'ils comptèrent et trouvèrent égales au nombre exact qu'ils avaient dit ; la coutume étant pour chaque grand prêtre de son vivant pour élever sa statue dans le temple. Pendant qu'ils me montraient les chiffres et les comptaient, ils m'assurèrent que chacun était le fils de celui qui le précédait ; et cela ils répétèrent cela dans toute la lignée. , en commençant par la représentation du dernier prêtre décédé, et en continuant jusqu'à ce qu'ils aient terminé la série. [95] Depuis l'époque de Sethos , prêtre de Vulcain, jusqu'à l'incendie du temple de Delphes, il y eut cent vingt-deux ans. Le temple fut incendié en 548 AVANT JC. La période qui s'est donc écoulée depuis Sethos jusqu'à nos jours (1875) est de deux mille cinq cent quarante-cinq ans. En ajoutant cela à l'époque de Ménès, nous avons toute la période couvrant treize mille huit cent quatre-vingt-cinq ans. Mais si la génération est réduite à vingt ans , la période depuis Ménès jusqu'à nos jours est de neuf mille trois cent soixante-cinq ans.

Les récentes explorations faites par Mariette parmi les archives d'Egypte ont confirmé le témoignage de Manéthon. Les noms des rois, leur ordre de succession et la durée de leurs règnes correspondent au tableau de Manéthon. Ces découvertes témoignent non seulement de la grande antiquité de l'empire, mais éclairent aussi la nation, ses mœurs et ses coutumes. On y a trouvé des tabourets, des chaises en rotin, des boîtes à ouvrage, des filets, des couteaux, des aiguilles, des ornements de toilette, de la faïence, des graines, des œufs, du pain, des paniers en paille, un jouet d'enfant, des boîtes de peinture, des couleurs et des pinceaux, etc. vieux de trois mille à six mille ans. On y trouva également les bijoux de la reine Aah- hotep , qui vécut en 1700 AVANT JC , composés de chaînes, diadèmes, boucles d'oreilles et bracelets exquis, qu'aucune reine moderne n'hésiterait à porter.

Ces affirmations sont encore confirmées par les témoignages de la géologie. En 1850, des sondages commencèrent dans les dépôts de boue du Nil. Les résultats les plus importants ont été obtenus à partir d'une fouille et d'un sondage effectués près de la base du piédestal de la statue de Ramsès à

Memphis, dont le milieu du règne, selon Lepsius , était de 1361 AVANT JC .
En supposant avec M. Horner que la partie inférieure de la plate-forme ou
fondation était à quatorze pouces et trois quarts sous la surface du sol, ou
plat alluvial, au moment de sa pose, il s'était formé entre cette période et
l'année 1850 APRÈS JC , soit pendant l'espace de trois mille deux cents et onze
ans, un dépôt de neuf pieds quatre pouces autour du piédestal, ce qui donne
un accroissement moyen de trois pouces et demi en cent ans. On s'est en
outre assuré, en creusant un puits près du piédestal et en forant au même
endroit, qu'au-dessous du niveau de l'ancienne plaine, l'épaisseur de la vieille
boue du Nil reposant sur le sable du désert s'élevait à trente-deux pieds ; et
M. Horner a donc déduit que la couche la plus basse (dans laquelle un
fragment de brique brûlée a été trouvé) avait plus de treize mille ans, ou a été
déposée treize mille quatre cent quatre-vingt-seize ans avant l'année 1850. "
[96] D'autres fouilles furent faites sur une grande échelle : dans les premiers
seize ou vingt-quatre pieds furent déterrés des jarres, des vases, des pots, une
petite figure humaine en terre cuite, un couteau en cuivre et d'autres objets
entiers. l'eau qui s'infiltrait du Nil gênait la progression des ouvriers, on
recourait au forage et presque partout et de toutes les profondeurs, même là
où ils s'enfonçaient à soixante pieds sous la surface, des morceaux de briques
et de poteries brûlées étaient extraits ·

Troie. — Troie, rendue immortelle par le poème d'Homère, a été récemment
découverte aux yeux de l'homme, et un nouvel éclat a été jeté sur l'ancien
barde. Les descriptions de Troie données par Homère, considérées comme
une simple œuvre d'imagination, se révèlent maintenant exactes, et aussi qu'il
a dû être là. Pour la redécouverte et la mise au jour de Troie, le monde est
redevable au Dr Schlieman . Quatre villes enterrées superposées les unes aux
autres ont été découvertes. La troisième ville, sous la surface, est l'ancienne
Troie. La maison de Priam, la porte Scæan , les murs et les trottoirs massifs
subsistaient encore. Dans la maison de Priam, le Dr Schlieman trouva une
grande masse d'ossements humains, parmi lesquels deux squelettes entiers
portant des casques de cuivre, un vase en argent, deux diadèmes en écailles
d'or, une couronne d'or, cinquante-six boucles d'oreilles en or, huit mille sept
cent cinquante anneaux d'or, boutons, etc. Immédiatement à côté de la
maison de Priam, serrés dans un espace quadrangulaire, entouré de cendres
et à proximité d'une clé de cuivre, se trouvaient un grand bouclier ovale de
cuivre, un pot de cuivre, un plateau de cuivre. , un flacon d'or pesant près
d'une livre, plusieurs vases d'argent, un bol d'argent, quatorze têtes de lance
en cuivre, quatorze haches de combat en cuivre, deux grands poignards à
deux tranchants, une partie d'épée et quelques objets plus petits. La valeur,
au poids seul, de tout l'or et de l'argent trouvés dans ou à proximité de la
maison de Priam, a été estimée à vingt mille dollars. Lors des fouilles, plus de
cent mille objets ont été découverts. Chaque marque montrait que Troie avait
été soudainement détruite. L'incendie, la ruine, les outils et les effets de la

guerre étaient visibles. Même les braves guerriers tombés en défendant le palais de leur roi ne sont pas encore entièrement tombés en poussière.

Les quatre villes peuvent être résumées ainsi : La strate la plus élevée a six pieds et demi de profondeur et couvre la colonie grecque qui a été établie vers l'an 700 AVANT JC . Sous la maçonnerie grecque se trouvent les murs d'une autre ville, construits en terre et en terre. petites pierres, mais l'abondance de cendres de bois montre que la ville — ou les villes successives — était principalement construite en bois.

Les ruines de Troie, successivement, s'étendent de vingt-trois pieds et demi à trente-trois pieds et demi de la surface, et forment une strate d'une épaisseur moyenne de dix pieds. Troie est censée avoir été fondée vers 1 400 AVANT JC , et sa chute et sa destruction par le feu se sont produites vers 1 100 AVANT JC.

Sous Troie, il y a une quatrième strate de ruines, dont la profondeur varie de treize à vingt pieds. La caractéristique la plus remarquable de ces ruines les plus anciennes est la supériorité des articles en terre cuite. Ces vases sont d'une couleur noire, rouge ou brune brillante, avec des motifs ornementaux, d'abord découpés dans la poterie, puis remplis d'une substance blanche. L'âge de ces ruines « est une question de pure conjecture, puisque les vicissitudes de l'histoire de la ville – destructions et reconstructions fréquentes – auraient le même effet pratique, ou presque, qu'un long intervalle de temps. à cinq mille ans avant Jésus-Christ comme date de la fondation de la *première* Troie. » [98]

Chaldée. — Bérose , prêtre chaldéen de Bélus, près de trois cents ans avant Jésus-Christ, écrivit en grec une histoire régulière de la Chaldée, en neuf livres. Les matériaux pour ce travail ont été fournis par les archives existant alors dans le Temple de Bélus à Babylone. L'ouvrage était particulièrement consacré à une histoire du royaume avant le début de l'empire assyrien. Des fragments de cette œuvre ont été conservés par Josèphe et Eusèbe. Après avoir décrit les âges cycliques de dix rois fabuleux, il en vient ensuite à ce qu'il considère comme la véritable histoire, et énumère cent soixante-trois rois de Chaldée, qui régnèrent successivement depuis le début de la liste jusqu'à l'essor de l'empire assyrien, vers l'an 1237 AVANT JC Bérose commence par une dynastie de quatre-vingt-six rois et donne leurs noms, aujourd'hui perdus. Il n'avait pas de chronologie de leur temps, mais le soumettait à un calcul cyclique. Sa liste, qui a jusqu'à présent échappé au laps du temps et au changement de mains, est ainsi conservée :

Premièrement, quatre-vingt-six rois chaldéens ; histoire et temps mythiques.

Deuxièmement, huit rois médians ; pendant deux cent vingt-quatre ans.

Troisièmement, onze rois.

Quatrièmement, quarante-neuf rois chaldéens.

Cinquièmement, neuf rois arabes ; pendant deux cent quarante-cinq ans.

Les dirigeants de l'empire assyrien furent ensuite ajoutés, formant une sixième dynastie. Les espaces vides dans la liste sont sans aucun doute le résultat d'une copie négligente ou d'imperfections dans les manuscrits. Afin de faire naître l'ancien royaume de Chaldée vers l' an 2234 AV . pas d'accord avec la chronologie qu'acceptent les mutilateurs de l'histoire.

Les recherches qui ont été faites parmi les villes ruinées de Chaldée ont donné un grand poids à l'autorité de Bérose et tendent à confirmer son histoire. À Susiane, on a trouvé une inscription koushite, mentionnée par Rawlinson, dans laquelle il y a une date qui remonte presque à l'an 3200 AVANT JC . Le témoignage des archives déterrées des ruines, ainsi que de Bérose , contredit l'hypothèse répandue selon laquelle le mage ou race aryenne occupait le pays avant les Koushites . Ces ruines « confirment également Bérose en montrant que la Chaldée était une nation cultivée et florissante, gouvernée par des rois, bien avant l'époque où la ville que nous connaissons sous le nom de Babylone s'éleva et devint le siège de l'empire. plusieurs grandes époques politiques dans l'histoire du pays, représentant des changements dynastiques importants, et plusieurs transferts du siège du gouvernement d'une ville à une autre. De telles époques dans l'histoire chaldéenne sont indiquées par la liste de Bérose . [99]

Ce peuple connaissait bien la science de l'astronomie. "Callisthène, qui accompagna Alexandre à Babylone, envoya à Aristote de cette capitale une série d'observations astronomiques qu'il y avait trouvées conservées, remontant à une période de mille neuf cent trois ans depuis la conquête de la ville par Alexandre.... Ces observations ont été enregistrées sur des tablettes d'argile cuite... Selon Simplicius , elles doivent remonter à 2234 AV. J.-C. et semblent avoir été commencées et poursuivies pendant de nombreux siècles par le peuple chaldéen primitif. Une lentille d'une puissance considérable, utilisée soit pour grossir, soit pour condenser les rayons du soleil, a été trouvée à Babylone, dans une chambre des ruines appelée Nimroud . [100]

Chine. — Litse , un éminent historien chinois, raconte qu'il y eut de longues périodes pendant lesquelles le royaume chinois prospéra, dont la chronologie n'est pas préservée, bien qu'il y ait une certaine connaissance des dirigeants. L'un de ces dirigeants a promu l'étude de l'astronomie. Viennent ensuite les époques historiques. Durant la première, l'astronomie, la religion et l'art d'écrire étaient cultivés. Ce fut une grande époque dirigée par quinze rois successifs. À la deuxième époque, l'agriculture et la science médicale furent promues. Dans la troisième, l'aiguille magnétique fut découverte, les caractères écrits améliorés, la vie civilisée avancée et une grande révolte réprimée. Aux quatrième et cinquième époques, les descendants du souverain précédent régnaient. Vint ensuite la période de Yao et Shin. Vient ensuite la période des « Dynasties Impériales », qui commence avec l' empereur Yu, qui vécut deux mille deux cents ans avant JC. L'ouvrage historique de Sse -ma-thi -an raconte les événements chronologiquement de l'année 2637 AVANT JC à 122 avant JC [101]

Mexique. — On sait que les livres ou manuscrits étaient abondants chez les anciens Mexicains. Il y avait des personnes dûment désignées pour tenir une chronique des événements qui se passaient. Las Casas, qui a vu les livres, dit qu'ils ont donné l'origine du royaume ainsi que les fondateurs des différentes villes, et tout ce qui s'est passé qui était digne de mention : comme l'histoire des rois, leurs modes d'élection et leurs modes d'élection. Succession; leurs travaux, actions, guerres, actes mémorables, bons ou mauvais ; les héros d'autrefois, leurs triomphes et leurs défaites. Ces chroniqueurs calculaient les jours, les mois et les années. Presque tous ces livres furent détruits à l'instigation des moines et par les prêtres espagnols les plus ignorants et les plus fanatiques. Une vaste collection de ces écrits anciens fut brûlée dans un seul incendie sur ordre de l'évêque Zumarraga . Quelques ouvrages ont cependant échappé, mais aucun des grands livres d'annales décrits par Las Casas. [102] Ainsi, le Mexique doit être laissé à l' archéologue sans l'aide de l'histoire écrite.

CHAPITRE XVI.

LANGUE.

L'origine et le développement de la langue offrent évidemment un grand champ d'étude, non seulement pour retracer le développement de la civilisation, mais aussi pour confirmer les témoignages des anciens et les conclusions des géologues. Si l'unité du langage ne pouvait être établie, il resterait encore un champ si vaste qu'il ne diminuerait ni l'intérêt ni l'importance du sujet. Mais une nouvelle langue ne peut pas être formée. Par souci de commodité , les nombreuses variétés de langage ont été regroupées en trois grandes divisions, *c'est-à-dire* . *e.* , l'aryen, le sémitique et le touranien . « L'anglais, ainsi que toutes les langues teutoniques du continent, celtique, slave, grec, latin avec ses ramifications modernes, comme le français et l'italien, le persan et le sanskrit, sont autant de variétés d'un type commun de discours : le sanscrit , l'ancienne langue des Véda, n'est pas plus distincte du grec d'Homère, ... ou de l'anglo-saxon d'Alfred, que le français ne l'est de l'italien. Toutes ces langues ensemble forment une famille, un tout, dans lequel chaque Ce membre partage certains traits communs avec tous les autres, et se distingue en même temps des autres par certains traits qui lui sont propres. Il en va de même pour la famille sémitique qui comprend, comme membres les plus importants, les Hébreux de l'Ancien Testament. , l'arabe du Coran et les langues anciennes des monuments de Phénicie et de Carthage, de Babylone et d'Assyrie. Ces langues encore forment une famille compacte et diffèrent entièrement de l'autre famille, que nous appelions aryenne ou indo-européenne. Le troisième groupe de langues, car nous pouvons difficilement l'appeler une famille, comprend la plupart des langues restantes de l'Asie et compte parmi ses principaux membres le toungouse , le mongol, le turc, le samoyède et le finnois, ainsi que les langues du Siam. les îles malaises, le Thibet et le sud de l'Inde. Enfin, la langue chinoise est à elle seule monosyllabique, seul vestige de la formation la plus ancienne de la parole humaine. » [103]

Antérieurement à ces trois familles, il y en avait encore une autre dont celles-ci dérivaient. Il contenait les germes de tous les discours touraniens , ainsi que les formes de discours aryenne et sémitique. Elle appartient à cette période de l'histoire de l'homme où les idées furent pour la première fois revêtues d'un langage et a été appelée la période rhématique. [104]

Concernant l'origine du langage, trois théories ont été proposées : l'interjection, l'imitation et la racine. La première suppose que les débuts de la parole humaine étaient les cris et les sons émis lorsqu'un être humain est affecté par la peur, la douleur ou la joie. La seconde suppose « que l'homme, encore muet, entendait les voix des oiseaux, des chiens et des vaches, le tonnerre des nuages, le rugissement de la mer, le bruissement de la forêt, les murmures du ruisseau et le murmure de la brise. Il a essayé d'imiter ces sons, et trouvant ses cris d'imitation utiles comme signes des objets dont ils provenaient, il a poursuivi l'idée et élaboré le langage. La troisième théorie, avancée par Max Müller, est que le langage est considéré comme le signe extérieur et la réalisation de cette faculté intérieure appelée faculté d'abstraction, et que les racines auxquelles le langage peut être réduit expriment une idée générale et non individuelle. . [105]

Il y a plus ou moins de vérité dans toutes ces théories. Dès le début, l'homme devait posséder une méthode pour communiquer ses désirs ou ses idées. L'observateur occasionnel a remarqué que les animaux disposent de moyens de communication entre eux. Il n'est pas improbable qu'à l'époque la plus ancienne, le seul mode de l'homme ait été celui des cris et des signes. Cela a peut-être duré très longtemps. Puis les mimiques ont commencé. Ensuite, on recourut à la comparaison lorsqu'il était assez avancé pour décrire sa pensée et, enfin, à partir de ces divers débuts, de perfectionnements nécessaires ou forcés, ses idées s'exprimaient en mots racines. [106]

Au lieu de nouvelles langues, les anciennes langues changent. Ils sont mutables et de nouveaux dialectes en sont issus. Dans l'histoire de l'homme, il n'y a jamais eu de nouvelle langue, et les langues parlées aujourd'hui ne sont que des modifications d'anciennes. Les mots maintenant utilisés par tous, qu'ils soient brisés, écrasés ou assemblés, sont les mêmes matériaux que ceux utilisés au début du discours. Les mots nouveaux ne sont que des mots anciens ; anciens dans leurs éléments matériels, bien qu'ils puissent être renouvelés et habillés sous diverses formes. « La modifiabilité de la langue et sa tendance à varier ne cessent jamais, de sorte qu'elle se heurterait facilement à de nouveaux dialectes et modes de prononciation s'il n'y avait pas de communication directe ou indirecte avec la mère patrie. À cet égard, sa mutabilité ressemblera à celle des espèces. , et il ne peut pas plus surgir indépendamment dans des districts séparés que les espèces, en supposant que ces dernières soient toutes d'origine dérivée. [107]

Il existe entre quatre mille et six mille langues vivantes. Le nombre de langues non parlées n'est pas connu. Leur croissance a nécessité du temps et, au cours de leur développement, de nombreuses tiges parentales ont cessé d'exister. Les changements dans une langue se produisent lentement. Il faut des siècles pour quitter une langue au point d'avoir besoin d'un interprète pour la comprendre. On peut avoir une idée de ce lent changement en comparant les écrits en langue anglaise de différentes périodes. En 1362 parut un poème intitulé « Piers Ploughman's Creed », qui commence ainsi :

« En été,
quand le soleil était doux, je m'enveloppais dans des linceuls [108]

comme j'étais un mouton [109] ;
en habitude d'ermite ,
impie des travailleurs ,
j'ai parcouru ce monde des merveilles pour entendre ; Ac [110] un matin de
mai,
sur les collines de Malvern, je suis tombé sur un ferly, [111]
j'ai pensé à une fée. Etc.

La langue écrite est plus permanente que la langue parlée, mais le processus
de l'une ou de l'autre est nécessairement lent. Lorsqu'on se souvient qu'une
langue a été dérivée successivement de nombreuses autres, aucune limite ni
durée particulière ne peut être fixée, bien qu'une période très longue soit
nécessaire. La chronologie habituellement admise ne laisserait pas
suffisamment de temps à la diversité de la famille sémitique, sans parler du
temps nécessaire au développement des trois classes générales.

CHAPITRE XVII.

UNITÉ DE LA RACE HUMAINE.

La théorie de l'unité de la race humaine a provoqué un conflit d'opinions parmi les hommes de science. Cela a été le grand champ de bataille entre anthropologues, ethnologues, géologues, philologues et théologiens. Des hommes aux capacités reconnues ont été disposés de chaque côté. Parmi les plus éminents partisans de la diversité des origines figurent Agassiz, Sir Roderick I. Murchison, Georges Pouchet , AR Wallace et Schleicher. Mais le poids des preuves et de l'autorité penche surtout en faveur de l'unité de la race humaine.

Les partisans de la théorie de la diversité de l'origine de la race humaine ont avancé de nombreuses objections contre l'unité et ont produit des arguments en faveur de leurs opinions. Celles-ci peuvent être résumées sous cinq rubriques. 1. Les différences anatomiques entre les différentes races, et surtout celles qui distinguent le noir et le blanc. 2. La séparation des races les unes des autres depuis des âges inconnus par de grands océans et par des barrières continentales redoutables et presque infranchissables. 3. La disparité en matière d'intelligence et les niveaux de civilisation. 4. Un type médium ne peut exister par lui-même, sauf à la condition d'être supporté par les deux types créateurs. 5. Lorsque deux types s'unissent, deux phénomènes peuvent surgir : *a* . L' un d'eux absorbera l'autre ; ou *b* , Ils peuvent subsister simultanément au milieu d'un plus ou moins grand nombre d'hybrides.

Les réponses suivantes peuvent être données à ces objections ou arguments : 1. Il est tout aussi raisonnable de supposer que l'homme est affecté, ainsi que les animaux, par le climat, la nourriture ou une condition particulière. Il est bien connu que les animaux ont subi plus ou moins de changements selon leur situation ou leur position. Les éléphants et les rhinocéros sont presque glabres. Comme certaines espèces disparues, qui vivaient autrefois sous un climat arctique, étaient couvertes de poils ou de longues laines, il semblerait que les espèces actuelles des deux genres aient perdu leur couverture poilue par l'exposition à la chaleur. Ceci est confirmé par le fait que les éléphants des régions élevées et fraîches de l'Inde sont plus poilus que ceux des basses terres. [112] Un changement merveilleux est provoqué par l'influence du climat sur les dindes. En Inde, « il est de taille très dégénérée, totalement incapable de s'élever sur les ailes, de couleur noire et avec de longs appendices pendants au-dessus du bec, extrêmement développés ». "Dans le climat anglais, un lapin de Porto Santo a retrouvé la couleur de sa fourrure en moins de quatre ans." [113] Les observateurs sont convaincus qu'un climat humide affecte la croissance du poil des bovins. Les races de montagne diffèrent toujours des races de plaine ; dans un pays montagneux, les membres postérieurs seraient affectés en les exerçant davantage, ce qui affecterait également le bassin, et, alors, d'après la loi de variation homologue, les membres antérieurs et la tête seraient probablement affectés . [114] Une des distinctions les plus marquées dans les races humaines est que le crâne de certaines est allongé ou dolichocéphale, et chez d'autres arrondi ou brachycéphale. M. Darwin a observé qu'un changement s'opère dans le crâne des lapins domestiques ; ils s'allongent, tandis que ceux du lapin sauvage sont arrondis. Il a pris deux crânes de largeur presque égale, l'un d'un lapin sauvage et l'autre d'un gros lapin domestique, le premier mesurait seulement 3,15 pouces et le second 4,3 pouces de longueur. Welcker a observé « que les hommes de petite taille ont davantage tendance à la brachycéphalie et les hommes de grande taille à la dolichocéphalie ; et les hommes de grande taille peuvent être comparés aux lapins plus grands et au corps plus long, qui ont tous un crâne allongé ». [115] L'argument tiré de la langue est d'une grande importance, surtout si l'on considère les différences de couleur. Le professeur Max Müller l'a clairement dit : "Il fut un temps où les ancêtres des Celtes, des Germains, des Slaves, des Grecs et des Italiens, des Perses et des Hindous, vivaient ensemble sous le même toit." "Les preuves du langage sont irréfragables, et c'est la seule preuve qui vaille la peine d'être écoutée en ce qui concerne les périodes antéhistoriques. Il aurait été presque impossible de découvrir des traces de relations entre les indigènes basanés de l'Inde et leurs conquérants, qu'il s'agisse d'Alexandre ou d'Alexandre. ou Clive, mais pour le témoignage porté par le langage. [116] Lorsqu'on prend en considération le grand laps de temps écoulé depuis l'origine de l'homme, on voit qu'il a fallu suffisamment de temps pour produire les variétés blanches, noires, jaunes, rouges et brunes de l'homme.

2. L'argument de la répartition géographique ne semble guère valable, car on sait que l'océan peut être et a été parcouru par des embarcations fragiles. Lieutenant Bligh, du navire Bounty, dans un petit bateau de vingt-trois pieds de long de la proue à la poupe, chargé en profondeur de dix-neuf hommes et de cent cinquante livres de pain, vingt-huit gallons d'eau, vingt livres de porc, etc. ., parti de l'île de Tofoa (Pacifique Sud) pour l'île de Timor, distance de trois mille six cents milles. Au cours de ce voyage, il rencontra une mer agitée et de grands périls, mais il atteignit finalement sa destination. [117] Lorsque les hommes commencèrent à habiter sur le littoral, ils fabriquèrent de petits bateaux et effectuèrent une navigation limitée. De nombreuses embarcations fragiles ont été chassées vers la mer avec leur chargement humain, dont certains ont débarqué sur des îles inhabitées. Cela s'est souvent produit parmi les insulaires des mers du Sud. [118] Si l'on avait affirmé, il y a quelques années, que la répartition de l'homme aurait pu être en partie causée par l'action de la glace, cette question n'aurait reçu aucune attention. Et pourtant, le capitaine Tyson et son groupe, composé de douze hommes, deux femmes et cinq enfants, faisant partie de l'équipage du malheureux Polaris,

dérivèrent du 15 octobre 1872 au 30 avril. 1873, sur une banquise, et en plein hiver arctique. Outre les provisions sauvées du Polaris, ils subsistaient de chair de phoques, d'oiseaux et d'ours qu'ils pouvaient tuer. Tous les membres de ce groupe ont été secourus au large des côtes du Labrador. Il faut aussi remarquer que la surface de la terre n'était pas toujours la même. Les continents ont plus ou moins changé, et au cours de ces changements, les hommes ont dû se séparer plus ou moins.

3. En ce qui concerne la disparité, on peut répondre que les deux points extrêmes sont observables dans toutes les nations de la terre. Même dans les familles célibataires, il y avait des gens très cultivés et raffinés, tandis que d'autres membres étaient très peu organisés, d'habitudes et de goûts. De nos jours, il est évident que toutes les races sont capables d'un très haut degré de perfectionnement. D'un autre côté, les nations ont rétrogradé. Les nomades ignorants et misérables qui dressent leurs tentes au milieu des ruines de Babylone sont les descendants des anciens métis qui occupèrent successivement la Mésopotamie : les Assyriens, les Babyloniens, les Mèdes et les Perses, qui furent gouvernés par des monarques aussi renommés que Salmanazar, Nabuchodonosor, Cyrus et d'autres. Les Arabes sauvages et maraudeurs sont les descendants d'un peuple qui a inventé l'algèbre et introduit les chiffres. La liste pourrait donc être allongée.

4 et 5. Les quatrième et cinquième reviennent à l'hypothèse qu'aucune race ne fusionnera avec une autre. Les déclarations présentées sous ces deux titres ne sont pas justifiées par les faits. Le Dr Prichard dit : « L'humanité de toutes races et variétés est également capable de propager sa progéniture par des mariages mixtes, et que de telles connexions sont également prolifiques, qu'elles soient contractées entre des individus de la même variété ou de variétés les plus différentes. est probablement en faveur de cette dernière solution." [119] Il donne ensuite un bref compte rendu de plusieurs exemples de stocks nouveaux ou intermédiaires qui ont été produits et multipliés. Ce sont des Griquas, descendants des Hollandais et des Hottentots, qui occupent les bords du fleuve Orange, et comptent cinq mille âmes ; les Cafusos du Brésil, un mélange d'Amérindiens et de Noirs africains ; les Papous de l'île de Nouvelle-Guinée, mélange de Malais et de Nègres. L'un des meilleurs exemples encore fournis est celui des insulaires de Pitcairn. Cette colonie était née de la manière suivante : Le gouvernement britannique avait envoyé un navire, appelé le Bounty, commandé par le lieutenant Bligh, pour cueillir des arbres à pain à Otaheite et les introduire aux Antilles. Bligh était un officier autoritaire, tyrannique et cruel. Poussés par la fureur et à bout de patience envers l'officier supérieur, M. Fletcher Christian et d'autres se sont mutinés et ont laissé Bligh et ses dix-huit compagnons à la dérive. Les mutins se rendirent à Tahiti ; ils y embarquèrent des provisions et du bétail , neuf Tahitiens, douze femmes et huit garçons qui s'étaient cachés, puis se

rendirent à Toubouai , où ils fondèrent une colonie. En raison de dissensions, la colonie se disloqua et fut transférée à Tahiti. Mais M. Christian, avec huit autres mutins, trois Toubouaiens , trois Tahitiens avec leurs femmes, un enfant et neuf autres femmes, partirent à bord du Bounty et débarquèrent à l'île de Pitcairn, et y brûlèrent le Bounty le 23 décembre. Janvier 1790. Moins de neuf ans plus tard, à la suite de conflits , le nombre des hommes fut réduit à deux, tous deux blancs, et l'un d'eux mourut l'année suivante. En 1808, le navire américain Topaz accosta sur l'île. Les colons étaient alors au nombre de trente-cinq. En 1856, leur nombre était passé à cent quatre-vingt-dix, et comme la production de l'île était à peine suffisante pour les nourrir , ils furent transférés par le gouvernement britannique vers l'île Norfolk. Parmi eux, il n'y a que huit noms de famille : cinq issus du groupe Bounty et trois nouveaux venus. C'est une race de gens en bonne santé et en bonne santé ; les hommes sont d'une couleur cuivrée brillante, mais les femmes se distinguent à peine des Anglaises. Si les rumeurs les concernant sont vraies, ce sont les personnes les plus remarquables de la terre. Ils ne laissent jamais le soleil se coucher sur leur colère et sont connus pour leur honnêteté, leur vérité, leur chasteté, leur industrie, leur bienveillance, leur respect, leur simplicité et toutes les vertus qui se combinent pour former la vraie religion.

La loi de l'hybridité, qui a été si fortement invoquée contre l'unité de la race, s'est révélée être un argument en sa faveur. La progéniture d'oiseaux aussi semblables que l'oie domestique et le grand canard de Barbarie ne propagera pas leur espèce. Les mules ne peuvent pas perpétuer leur espèce. Les différentes variétés du cheval, comme le petit poney Shetland noir et le grand arabe blanc, non seulement se reproduiront ensemble mais ces hybrides continueront à perpétuer leur espèce, prouvant ainsi leur identité d'espèce. La même chose peut être dite du croisement entre le type le plus parfait et le type le plus bas de l'humanité. Si certains de ces mélanges disparaissent en quelques générations, ce n'est pas à cause de leur hybridité, mais à cause de la simple violation des lois naturelles. Lorsque les parties contractantes d'un mariage sont de même constitution, il n'y aura pas d'issue ; si les constitutions, ou plutôt les tempéraments, sont en substance trop semblables, l'enfant, s'il en est, sera mort-né ou mourra très peu de temps après sa naissance ; si les parties contractantes comportent un élément complémentaire, l'émission sera de courte durée, même si elle peut arriver aux années d'échéance. [120] Ces lois s'appliquent à la fois aux types mixtes et non mélangés de l'humanité.

L'étroite affinité de toutes les races, leur soumission aux mêmes lois générales, leur capacité de développement mental et moral et la quasi-unité de leurs langues conduisent à conclure qu'un lieu de naissance était commun à tous. Si cet endroit est l'Asie centrale, ou n'importe quelle autre localité, cela doit avoir été bien avant les temps traditionnels, lorsque l'une des tribus était divisée et que les nations se formaient.

Les courses changent si lentement qu'elles semblent stationnaires. Sur les anciens monuments égyptiens se trouvent des représentations du Nègre, ayant exactement les mêmes traits qui caractérisent cette race à l'heure actuelle ; et certaines de ces peintures remontent à 2000 AVANT JC

Ensuite, à partir de l'unité de la race et de la persistance du type, il faut attribuer une durée de temps presque incroyable pour permettre la grande disparité manifestée par les différents types d'humanité.

CHAPITRE XVIII.

LA BIBLE ET LA SCIENCE.

Aucun livre n'a suscité autant de controverses que la Bible. Il a été amené à répondre de la folie de ses amis et de ses ennemis. Les assauts féroces lancés par le sceptique ont été le résultat légitime des affirmations absurdes de ses amis ignorants mais trop zélés. La Bible ne prétend pas elle-même comme on l'a souvent fait. Son sens a été perverti, les phrases déformées et les mots modifiés pour s'adapter aux caprices de ses défenseurs. S'il s'agissait d'une existence vivante et parlante, il demanderait certainement d'être délivré de ses amis. Cela a été mis en contradiction avec les recherches scientifiques, et ceux qui s'occupent d'interpréter les lois de la nature ont été qualifiés d'infidèles, bien qu'ils puissent avoir un esprit pieux et respectueux. La Bible n'est pas et ne prétend pas être un livre scientifique. Il est conçu pour être un livre de religion et une histoire des anciens Juifs, et ses références aux questions scientifiques ne sont qu'accessoire. Si les références à la science ou au récit de la Création étaient radicalement erronés, ses enseignements sur les questions de morale et de religion n'en seraient pas pour autant invalidés. Le chrétien ou le juif n'a rien à craindre des résultats de la recherche scientifique. Mais il lui incombe un devoir : abandonner ses interprétations fantaisistes et parvenir au vrai sens des Écritures, et y apprendre comment les paroles ont été comprises par ceux à qui elles s'adressaient à l'origine. Le sens des mots, tels qu'ils étaient utilisés au XIXe siècle, n'est pas à relier à leur signification telle qu'elle était utilisée dans le passé. Il y a une grande distance qui sépare le présent de l'époque des Hébreux, et leur langue et leurs pensées de la langue anglaise et de la pensée moderne. Les anciens Hébreux n'étaient pas enclins aux recherches scientifiques et ne pouvaient être que relativement peu avancés en termes de civilisation.

Il ne s'agit pas ici d'entreprendre une enquête sur les points soulevés entre les Écritures et la science, mais de limiter l'enquête aux questions telles que celles posées dans les chapitres précédents.

Création. — Les premier et deuxième chapitres de la Genèse enseignent non seulement que Dieu est le Créateur du ciel et de la terre, mais aussi l'ordre de succession est donné. Il n'est pas dit que le monde a été créé à partir de rien. Le mot « bara », traduit par « créé », a diverses significations. Selon Gesenius, *cela* signifie *couper*, *découper*, *tailler*, *former*, *créer*, *produire*, *engendrer*, *enfanter*, nourrir, *manger*, *engraisser*, *façonner*, *fabriquer*. [121] L'idée présentée semble être la suivante : L'auteur affirme que le ciel et la terre doivent leur origine à Dieu. Puis il revient en arrière et explique les étapes successives de la création. Au début des travaux, la terre était informe et vide, ou dans un état nébuleux, et à partir de cette masse préexistante les mondes ont évolué. Quand cette masse a été créée, si jamais elle a été créée, l'auteur de la Genèse ne le précise pas.

Six périodes, ou « jours », sont données pour la formation de la terre. L'utilisation des mots «soir et matin» conduit naturellement à la conclusion que les *journées* duraient chacune vingt-quatre heures. Mais le doute est jeté sur cette conclusion par l'utilisation du mot *jour* dans le deuxième chapitre et le quatrième verset, où toute la semaine créatrice est appelée un *jour* . Le mot traduit par « jour » signifie également *temps* , mais il doit généralement être pris dans le sens de jour civil – du lever au coucher du soleil. Hugh Miller était d'avis que la création avait été représentée à Moïse dans une vision. Les périodes se succédaient devant son esprit et avaient l'apparence de jours. Le soir marquait la fin d'une période et le matin le début d'une autre période. [122] Si une description des différents ordres de vie avait été donnée, elle aurait dépassé la compréhension de ce peuple primitif. Ce n'était pas le but d'enseigner la géologie. Les gens n'étaient pas préparés à une telle connaissance scientifique. Mais la simple déclaration selon laquelle Dieu est l'auteur de toutes choses pouvait être et était comprise par les Israélites.

Le sixième jour, l'homme apparaît ; mais il y a deux récits, et il y est présenté de différentes manières et à des fins différentes. Dans le premier récit, l'homme est créé à l'image de Dieu, et la domination sur les êtres vivants lui est donnée, et il lui est ordonné de soumettre la terre. Le deuxième récit déclare qu'il n'y avait personne pour cultiver la terre, et que le Seigneur forma l'homme de la poussière de la terre et souffla dans ses narines le souffle de vie ; et l'homme devint une âme vivante. Le deuxième récit ne peut pas être, comme on l'a supposé, une répétition du premier. Les deux récits sont radicalement différents. Un récit donne à l'homme la domination sur les bêtes, les oiseaux et les poissons ; l'autre, pour labourer ou cultiver le sol. Ceci est en accord avec l'archéo -géologie. Les hommes étaient des chasseurs bien des siècles avant de devenir agriculteurs. Le premier récit présente l'homme créé à l'image de Dieu, l'autre, une *âme vivante* . L'« image de Dieu » et « l'âme vivante » sont peut-être les mêmes, mais pourquoi ce changement ? Il y a peut-être une cause à cela. Si la théorie de la vision est vraie, alors Moïse voyait l'homme sous deux aspects différents l'un de l'autre. L'homme peut être à « l'image de Dieu », et pourtant dans un état bas et sauvage, subsistant grâce à la chasse. L'homme peut être réveillé de cette condition, « l'image de Dieu » peut affirmer sa majesté et faire de l'homme un être religieux et vénérant. [123] Le dossier laisse entendre qu'il y avait deux classes. Caïn part au pays de Nod, où sa femme devient enceinte, et il construit une ville. Où Caïn a-t-il trouvé sa femme et pourquoi a-t-il construit une ville ? Aucun récit n'est donné sur la naissance de sa femme, mais la conclusion naturelle est qu'il l'a obtenue au Pays de Nod. [124] On a soutenu que Caïn avait épousé sa sœur. Si cela était vrai, cela aurait certainement été mentionné.

C'est une affaire trop importante pour avoir échappé à l'attention. S'il épousait sa sœur, il était coupable d'un crime odieux. Si c'était le cas à l'époque, c'est le cas maintenant. La ville qu'il a construite devait être plus qu'un *campement* ou une *petite fortification* . (Le mot traduit par « ville » a également ce sens.) Cela n'aurait eu aucune importance. Ce devait être un lieu d'une certaine importance et conçu pour plus de personnes que Caïn, sa femme et son fils. En prenant toutes les circonstances ensemble, y compris la crainte de Caïn « que quiconque me trouvera me tuera », il semblerait que le but de cette ville était de subvenir aux besoins des individus de la famille pré-adamique habitant à l'est d'Eden, et peut-être pour s'attirer les faveurs de ceux-ci.

Puis encore, au sixième chapitre : « Les fils de Dieu virent que les filles des hommes étaient belles ; et ils les prirent pour femmes parmi toutes celles qu'ils choisirent. » Cela fut suivi d'une grande méchanceté, à la suite de laquelle le monde fut détruit par un déluge. Qui étaient les « fils de Dieu » et qui étaient les « filles des hommes » ? Pourquoi pas les filles de Dieu ? Les « fils de Dieu » devaient être les descendants en ligne directe d'Adam, et les « filles des hommes » la progéniture de la race pré-Adamique. La race bâtarde produite était des monstres, [125] et leur esprit était continuellement déterminé à faire le mal. Ces fils d'Adam ont dû être rétrogradés, sinon ils n'auraient pas cherché d'épouses parmi un peuple inférieur. Selon les lois de la nature, leur progéniture était inférieure à l'une ou l'autre des races, du fait qu'aux natures brutales du type pré-adamique s'ajouterait la sagesse naturelle des Adamiques, produisant ainsi la ruse et l'astuce dans leur méchanceté. [126] Si des lois morales strictes leur avaient été imposées, le résultat aurait été inversé.

Chronologie. — La chronologie donnée en marge de la Bible est une simple invention et a fait beaucoup de mal. Rien ne le justifie et aucune excuse ne peut être avancée. La Bible ne donne aucune chronologie précise pour ces premiers temps. Les divergences entre la Septante et les textes hébreux montrent qu'aucune dépendance ne peut être placée dans ces chronologies. [127] La Septante date le Déluge de huit cents ans plus loin que la Bible commune. "Une marge de variation de huit siècles entre deux versions d'un même document est une variation si énorme qu'elle semble jeter un doute complet sur tout le système d'interprétation sur lequel se fondent de tels calculs du temps." [128]

Le déluge. — En admettant que la date du Déluge soit de 3149 AVANT JC au lieu de 2349 AVANT JC , il n'y a toujours pas suffisamment de temps pour repeupler la terre et former ces puissants empires enregistrés dans l'histoire ancienne. Le duc d'Argyle a très justement fait remarquer que « la fondation d'une monarchie n'est pas le début d'une race. Le peuple parmi lequel de telles monarchies sont nées a dû grandir et se rassembler au cours de nombreuses générations. » Le peuplement de l'Egypte n'est pas la seule difficulté. " L'existence, du temps d'Abraham, d'un gouvernement aussi organisé que celui de Chedorlaomer montre que, deux mille ans AVANT J.-C., il nourrissait en Élam, au-delà de la Mésopotamie, une nation qui, aujourd'hui encore, serait classée parmi les "grandes puissances"." [129] Ensuite, les traits caractéristiques du Nègre, l'un des plus fortement marqués parmi les variétés humaines, étaient aussi marqués en 2000 avant JC qu'aujourd'hui.

Ces déclarations conduisent à la conclusion que le Déluge n'était pas universel. La plupart des nations ont une tradition de déluge, mais « les monuments des deux civilisations les plus anciennes dont nous avons connaissance – l'égyptienne et la chinoise – ne contiennent aucun récit ni aucune allusion au déluge de Noé ». [130] Beaucoup de ces traditions font sans doute référence à une inondation locale. Les passages de l'Écriture semblent enseigner l'universalité du Déluge, mais les mêmes expressions qui véhiculent l'idée d'universalité sont parfois utilisées dans un sens limité et se réfèrent uniquement à la Terre Sainte et aux régions limitrophes. La question est de savoir si l'historien sacré considère ou non que le déluge noachien a été universel ou seulement un cataclysme local.

Monarchies. — Les Écritures ne déclarent pas que Nimrod fut le premier monarque, mais « le commencement de son royaume fut Babel, et Erech , et Accad, et Calneh ». Il n'est pas non plus dit qu'il a fondé ces villes. C'était un puissant chasseur, et ces villes marquèrent le *début de son royaume* .

La dispersion. — La construction de la tour de Babel n'est pas un mythe, mais une véritable réalité. Une partie de ce puissant tissu est encore debout, une montagne de ruines, attestant de l'énorme quantité de travail qu'elle a nécessité pour sa construction. L'histoire est racontée en quelques mots, et ces mots couvrent des siècles. Les gens engagés dans sa construction parlaient une seule langue, mais lorsque cette langue fut confondue , l'empire fut déchiré. Le récit semble enseigner l'usage d'une seule langue sur toute la surface de la terre. Le Dr FH Hedge, dans son sermon sur « la Grande Dispersion », dit : « De plus, l'expression « la terre entière », telle qu'elle est couramment utilisée dans la Bible, ne doit pas être prise dans un sens absolu ou scientifique. destiné à inclure le globe entier, ou même la plus grande partie de celui-ci, mais il est vaguement employé pour désigner la totalité de cette partie particulière que l'écrivain ou l'orateur a à l'esprit à ce moment-là. Dans le cas présent, il désigne le pays limitrophe du globe. Tigre et Euphrate." [131] Si les vues de cet éminent théologien sont correctes, alors, par le même principe d'interprétation, l'unité de langue dont il est question est limitée au pays limitrophe du Tigre et de l'Euphrate.

Il n'y a aucune nécessité d'une aide surnaturelle pour la création du langage. Selon l'opinion déjà avancée, lorsque les animaux furent amenés à Adam, il leur donna volontiers des noms, car il avait reçu le langage de ses prédécesseurs, et maintenant, étant une personne particulièrement choisie, ses dotations le conduiraient à une application plus vigoureuse de son langage. utiliser.

Il n'est pas incroyable que Dieu ait pu façonner le monde et le peupler de myriades d'êtres en six jours de vingt-quatre heures chacun. Il n'est pas incroyable qu'un cataclysme puisse détruire toutes les créatures vivantes, en sauver quelques-unes et couvrir les frontières les plus reculées de la terre. Il est possible à Dieu de faire tout ce qui n'est pas conforme à son caractère. Ce qu'il est possible à Dieu de faire et ce qu'Il fait sont deux choses très différentes. Ce qu'Il a fait ne peut être expliqué qu'à partir des preuves qu'Il a laissées. Ce qu'Il aurait pu faire n'est que spéculation. L'homme ne peut juger qu'à partir des faits qui lui sont présentés. Il observe le cours de la nature et c'est de ces observations qu'il tire ses conclusions.

Le monde de la nature et l'esprit de révélation, lorsqu'ils sont bien compris, semblent être en harmonie. L'homme ne doit pas fermer les yeux et refuser de se laisser guider par la science et accepter avec une crédulité aveugle les histoires et les préjugés de ses grands-pères.

NOTE. — Dean Stanley, un éminent religieux de l'Église d'Angleterre, dans son discours lors des funérailles de Sir Charles Lyell, prend des arguments inhabituels pour un théologien. Il aurait déclaré qu'il y avait et qu'il existe deux manières de concilier la lettre de l'Écriture avec la géologie, mais chacune a échoué totalement et à juste titre. L'un d'eux tente d'arracher les mots de la Bible à leur véritable sens et de les forcer à parler le langage de la science ; l'autre tente de falsifier la science pour répondre aux prétendues exigences de la Bible. Mais il existe une autre réconciliation d'un genre plus élevé, ou plutôt une reconnaissance de l'affinité et de l'identité qui existent entre l'esprit de la science et l'esprit de la Bible. Premièrement, il y a une ressemblance avec l'esprit général des vérités bibliques ; et, deuxièmement, il y a une similitude dans les méthodes. La structure de cette terre a été progressivement amenée à son état actuel par l'action lente et silencieuse des mêmes causes que nous voyons aujourd'hui opérer au cours d'une longue succession d'âges au-delà de la mémoire et de l'imagination de l'homme. Nous ne nous attendons pas à ce que cette doctrine soit conforme à la lettre de la Bible. Les premiers récits bibliques ne pouvaient pas être des descriptions littérales, prosaïques et factuelles du début du monde. Il est maintenant clair que les premier et deuxième chapitres de la Genèse contiennent côte à côte deux récits de la Création, différents l'un de l'autre dans presque tous les détails de temps, de lieu et d'ordre. On sait maintenant que les vastes époques exigées par l'observation scientifique sont incompatibles à la fois avec les six mille ans de la chronologie mosaïque et avec les six jours de la création mosaïque. On constate que les découvertes de la géologie remplissent les vieilles vérités religieuses d'une vie nouvelle et en tirent à leur tour une gloire sacrée.

NOTES DE BAS DE PAGE

[1] « Temps préhistoriques », p. 2.

[2] Büchner, p. 269.

[3] « L'homme dans le passé, le présent et le futur », p. 238.

[4] « Antiquité de l'Homme », p. 68.

[5] Des découvertes de ce genre ont été faites en 1829.—Keller's "Lake-Dwellings", p. 11.

[6] « Principes de géologie », vol. je . p. 286.

[7] « Temps préhistoriques », p. 418.

[8] « Manuel de géologie », p. 590.

[9] « Antiquité de l'homme », pp. 282, 285.

[10] « Temps préhistoriques », p. 417.

[11] Principes de géologie, vol. je . p. 285 ; « Temps préhistoriques », p. 411.

M. Croll estime qu'en raison des variations de l'excentricité de l'orbite terrestre, « des périodes de froid se reproduisent régulièrement tous les dix ou quinze mille ans ; mais qu'à des intervalles beaucoup plus longs, le froid, en raison de certaines contingences, est extrêmement sévère et dure un certain temps ». très longue période ; et la dernière grande période glaciaire s'est produite il y a environ deux cent quarante mille ans et a duré avec de légères altérations climatiques pendant environ cent soixante mille ans. "—Darwin's *Origin of Species* , p. 343.

[12] Il serait plausible de supposer que la glace a fondu beaucoup plus rapidement qu'on ne le suppose généralement. Charles Darwin, dans son « Voyage naturaliste autour du monde », p. 245, déclare que "au cours d'un été très long et très sec, toute la neige a disparu de l'Aconcagua, bien qu'elle atteigne la hauteur prodigieuse de vingt-trois mille pieds. Il est probable qu'une grande partie de la neige à ces grandes hauteurs est évaporée, plutôt que décongelé."

[13] « Principes de géologie », vol. ii, p. 567-569.

[14] Büchner, p. 118

[15] « Temps préhistoriques », p. 362.

[16] «Antiquité de l'Homme», p. 97 ; « Temps préhistoriques », p. 315.

[17] Le « Dossier scientifique » de 1874, p. 501, en parlant de ces outils, dit : « Selon l'estimation la plus basse, les armes en silex ont été fabriquées il y a un demi-million d'années. »

[18] « Antiquité de l'Homme », p. 98. « Temps préhistoriques », p. 317.

[19] «Antiquité de l'Homme», p. 338 ; Büchner, 27 ans.

[20] « Antiquité de l'Homme », p. 510 ; Büchner, p. 27.

[21] Büchner, p. 118, 306.

[22] Büchner, p. 239.

[23] « Principes », vol. II, p. 566.

[24] « Antiquité de l'Homme », p. 63.

[25] La British Association a estimé qu'il fallait vingt mille ans pour produire un pied de stalagmite. — *Science Record.* 1874, p. 601.

[26] « Principes », vol. II, p. 527.

[27] « La place de l'homme dans la nature », p. 146.

[28] « Temps préhistoriques », p. 337.

[29] «Antiquité de l'Homme», p. 80.

[30] « La place de l'homme dans la nature », p. 143.

[31] « Antiquité de l'Homme », p. 80.

[32] Büchner, p. 263.

[33] *Ibid.* p. 262.

[34] « La place de l'homme dans la nature », p. 158.

[35] Büchner, p. 241.

[36] Büchner, p. 240.

[37] *Ibid.* p. 241.

[38] « La place de l'homme dans la nature », p. 164.

[39] Büchner, p. 116.

[40] «Antiquité de l'Homme», p. 84.

[41] *Ibid.* , p. 53.

[42] «Antiquité de l'Homme», p. 84.

[43] Büchner, p. 54.

[44] Büchner, p. 242.

[45] « Notre planète » de Denton, p. 270.

[46] Büchner, p. 265.

[47] *Ibid.* , p. 54.

[48] *Ibid.* , p. 242.

[49] « Temps préhistoriques », p. 422.

[50] *Ibid.* , p. 423.

[51] "Sélection naturelle" de Wallace, p. 322. "

[52] Büchner, p. 34, 252.

[53] Büchner, p. 242.

[54] Büchner, p. 31 ; « Temps préhistoriques », p. 420.

[55] Büchner, p. 33 ; « Temps préhistoriques », p. 421.

[56] « Notre planète » de Denton, p. 270 ; "Journal phrénologique américain, février." 1874.

Ayant lu dans un des journaux que ce crâne n'était pas authentique, mais qu'il s'agissait d'une plaisanterie faite au professeur Whitney, j'ai écrit au professeur W. Denton de Wellesley, Masschussetts , le 19 mars 1875, pour m'enquérir de ce sujet. Quelques jours plus tard, je reçus de lui une déclaration selon laquelle il s'était rendu à l'endroit où le crâne avait été découvert ; que certaines personnes lui ont assuré que le professeur Whitney avait été victime d'une plaisanterie. Pourtant, ces personnes n'avaient jamais vu le crâne et avaient des préjugés contre le professeur Whitney. Les personnes les mieux informées avaient toutes les raisons de croire que les déclarations du professeur Whitney étaient vraies. Le crâne est très remarquable et se distingue par la taille énorme de ses orbites, et j'ai de bonnes raisons de croire qu'il a été trouvé comme indiqué.

[57] « Plusieurs géologues sont convaincus, à partir de preuves directes, que les périodes glaciaires se sont produites au cours des formations du Miocène et de l'Éocène , sans parler de formations encore plus anciennes. » — Darwin's *Origin of Species* , p. 343.

[58] « Temps préhistoriques », p. 421 ; Büchner, 32 ans.

[59] « Temps préhistoriques », p. 422.

[60] Büchner, p. 32.

[61] « American Phrenological Journal », février 1874.

[62] Büchner, p. 274.

[63] « Notre planète », p. 266.

[64] « Dossier scientifique », 1874, p. 499.

[65] « Temps préhistoriques », p. 315.

[66] « Origine de la civilisation », p. 121.

[67] « L'Homme primitif » de Figuier , p. 116.

[68] Büchner, p. 248.

[69] Büchner, p. 247 ; «Les habitations du lac Keller».

[70] « Lake-Dwellings », pp. 37, 334, 350, 360.

[71] « Habitations lacustres », p. 394.

[72] « Habitations lacustres », p. 396.

[73] « L'Homme primitif », p. 219.

[74] « L'Homme primitif », p. 293.

[75] « Temps préhistoriques », p. 76.

[76] « L'Homme primitif », p. 200.

[77] « Habitations lacustres », p. 319.

[78] « Temps préhistoriques », p. 218 ; « L'Homme primitif », p. 281.

[79] « Habitations lacustres », p. 400.

[80] « Dossier scientifique », p. 564. 1875.

[81] « American Phrenological Journal », février 1874.

[82] « L'Homme préhistorique » de Wilson, p. 40.

[83] « L'Homme préhistorique », p. 46.

[84] «Antiquité de l'Homme», p. 200 ; «Principes de géologie», vol. je . p. 454.

[85] «Antiquité de l'Homme», p. 43 ; «L'homme préhistorique», p. 47.

[86] «Antiquité de l'Homme», p. 44.

[87] « L'homme primitif », pp. 9, 77.

[88] « L'Homme préhistorique », p. 236.

[89] « Monuments antiques », p. 304.

[90] Büchner, p. 35.

[91] Rollin, vol. je . p. 138.

[92] Dictionnaire classique d'Anthon, p. 788.

[93] Büchner, p. 254.

[94] "New York Tribune", 6 juin 1874.

[95] Hérodote de Rawlinson, vol. ii. p. 189.

[96] « Principes de géologie », vol. je . p. 432.

[97] «Antiquité de l'Homme», p. 36.

[98] Bayard Taylor dans « New York Tribune, Extra », n° 15.

[99] « Nations préhistoriques », p. 190.

[100] *Ibid.* pages 178, 175.

[101] « Nations préhistoriques », p. 37.

[102] « L'Amérique ancienne », p. 187.

[103] « Chips d'un atelier allemand », vol. je . p. 21.

[104] *Ibid.* vol. ii. p. 8.

[105] « Chapitres sur l'homme » de Wake, p. 33.

[106] « Diodore de Sicile, Lucrèce, Horace et bien d'autres écrivains grecs et romains considèrent le langage comme un des arts inventés par l'homme. Les premiers hommes, disent-ils, vécurent quelque temps dans les bois et les grottes, à la manière des bêtes, n'émettant que des bruits confus et indistincts, jusqu'à ce que, s'associant pour s'entraider, ils en vinrent peu à peu à utiliser des sons articulés mutuellement convenus, pour les signes ou marques arbitraires de ces idées dans l'esprit de l'orateur qu'il voulait communiquer au Cette opinion est issue de la cosmogonie atomique qui a été formulée par Mochus , le Phénicien , et ensuite améliorée par Démocrite et Epicure . *Pluralité de la race humaine* , p. 142.

[107] « Principes de géologie », vol. ii. p. 475. "Il est généralement reconnu que tous les êtres organiques ont été formés sur deux grandes lois : l'unité de type et les conditions d'existence. Par unité de type, on entend cet accord fondamental de structure que nous voyons chez les êtres organiques de la même classe. , et qui est tout à fait indépendant de leurs habitudes de vie. Selon ma théorie, l'unité de type s'explique par l'unité de descendance. "— Darwin's *Origin of Species* , p. 200.

[108] Je m'habille.

[109] Berger.

[110] Et.

[111] Merveille.

[112] « Descente de l'homme », vol. je . p. 143.

[113] "Genèse des espèces" de Mivart , p. 114.

[114] « Origine des espèces », p. 193.

[115] « Descente de l'homme », vol. je . p. 142.

[116] « Chips », vol. je . p. 63, 62.

[117] « Les mutins du Bounty » de Lady Belcher, p. 61.

[118] "Le capitaine Cook a trouvé sur l'île de Wateoo trois habitants d'Otaheite, qui y avaient été amenés à la dérive dans un canot, bien que la distance entre les deux îles soit de cinq cent cinquante milles. En 1696, deux canots, contenant trente personnes , qui avaient quitté Ancorso , furent jetés par des vents contraires et des tempêtes sur l'île de Samar, une des Philippines, à une distance de huit cents milles. En 1721, deux canots, dont l'un contenait vingt-quatre, et l'autre six Des personnes, hommes, femmes et enfants, ont été dérivées d'une île appelée Farroilep jusqu'à l'île de Guaham , une des Mariennes, à une distance de deux cents milles. Kadu, originaire d' Ulea , et trois de ses compatriotes, alors qu'ils naviguaient dans un bateau, furent chassés vers la mer par une violente tempête et dérivèrent sur la mer pendant huit mois, subsistant entièrement des produits de la mer, et finalement furent ramassé dans un état insensible par les habitants d'Aur (îles Caroline) à mille cinq cents milles de son île natale. — *Principes de géologie* , vol. ii. p. 472.

[119] « Histoire naturelle de l'homme », vol. je . p. 16.

[120] « Tempéraments humains », de Powell, p. 180.

[121] L'idée selon laquelle « bara » signifiait créer à partir de rien est une invention moderne, et très probablement suscitée par le contact entre Juifs et Grecs à Alexandrie. Les Grecs croyaient que la matière était coéternelle avec le Créateur, et c'est probablement en contradiction avec cette notion que les Juifs ont affirmé pour la première fois que Dieu avait créé toutes choses à partir de rien. Le mot, cependant, n'évoque que la simple conception de *façonner* ou *d'arranger* . — *Chips* , vol. je . p. 132.

[122] « Témoignage des Rochers », Cinquième Conférence.

[123] Le révérend Dr. JP Thompson représente Adam comme un homme typique (Man in Genesis and Geology, p. 105) ; Lubbock le considère comme un sauvage typique (Origin Civilization, p. 361). Pourquoi ne pas l'appeler le premier grand prototype de la race humaine ?

[124] Le mot *Nod* signifie *errer*, *être conduit*, etc. Il semble avoir été un nom familier au moment du fratricide. C'était alors le nom d'une terre ou d'une étendue de pays. N'y avait-il pas là des tribus itinérantes, et c'est d'elles que l'endroit a été désigné « Terre Errante » ?

[125] Le Dr Livingstone, après avoir parlé d'un métis du Zambèze, décrit par les Portugais comme un monstre rare de l'humanité, « remarque : « Il est inexplicable pourquoi les métis, comme lui, sont tellement plus cruel que les Portugais, mais tel est sans aucun doute le cas. Un habitant a fait remarquer à Livingstone : « Dieu a créé les hommes blancs et Dieu a créé les hommes noirs, mais le diable a créé les métis. » Lorsque deux races, toutes deux inférieures dans l'échelle, sont croisées, la descendance semble être éminemment mauvaise. Ainsi, le noble cœur Humboldt parle en termes forts du caractère mauvais et sauvage des Zambos, ou métis entre Indiens et Noirs ; et C'est à cette conclusion que sont parvenus divers observateurs. De ces faits, nous pouvons peut-être déduire que l'état dégradé de tant de métis est dû en partie au retour à une condition primitive et sauvage, ainsi qu'aux conditions morales défavorables dans lesquelles ils existent généralement."— *Animaux et plantes sous domestication*, vol. ii. p. 63.

[126] Ce point de vue n'entre pas en conflit avec la doctrine de l'unité de la race. La grande difficulté dans l'interprétation des Écritures est leur brièveté. Une longue période de temps est appréhendée en très peu de mots, et beaucoup reste à déduire. La teneur des Écritures favorise l'idée de l'unité de la race, mais elle n'est pas spécifiquement déclarée. Le passage le plus fort est Actes chapitre 17 et verset 26 : « Il a fait d'un seul sang toutes les nations des hommes pour habiter sur toute la surface de la terre. » Cela n'entre pas en conflit avec l'idée qu'il existe plus d'un couple, mais leur *sang* est le même. Il n'est pas déclaré qu'Adam n'avait pas d'ancêtres. Lorsqu'il est déclaré qu'Adam était le fils de Dieu, c'est uniquement pour faire remonter l'origine de l'homme à l'Être Suprême. Si Adam avait des ancêtres, les laisser de côté n'a aucune signification, car il n'était pas rare de laisser tomber le nom de personnes sans importance. Un exemple de ce genre est donné dans la généalogie de David. De la naissance d'Obed à la naissance de son petit-fils David (chronologie commune) s'étend une période de deux cent vingt-trois ans. De toute évidence, un ou plusieurs membres ont été exclus. Si Adam était un prototype, il n'était pas nécessaire de remonter plus loin. Sa formation à partir de la poussière du sol lui donnerait sa relation avec le reste de l'humanité. Il a été choisi, doté dans le but d'élever la race, de devenir le chef d'un nouveau type d'humanité.

[127] La version des Septante est une traduction de la Bible hébraïque en grec, réalisée environ trois cents ans AVANT JC. Le plus ancien MS existant. de l'Ancien Testament en hébreu ne remonte pas plus loin qu'environ le dixième siècle après l'ère chrétienne — *Chips*. vol. je . p. 11.

[128] « L'Homme primordial », p. 86.

[129] « L'Homme primordial », p. 87.

[130] « Le monde primitif de la tradition hébraïque », p. 195.

[131] « Le monde primitif de la tradition hébraïque », p. 222.